The Complete Book of
COLOUR healing

暮らしの中で実践できる完全ガイド

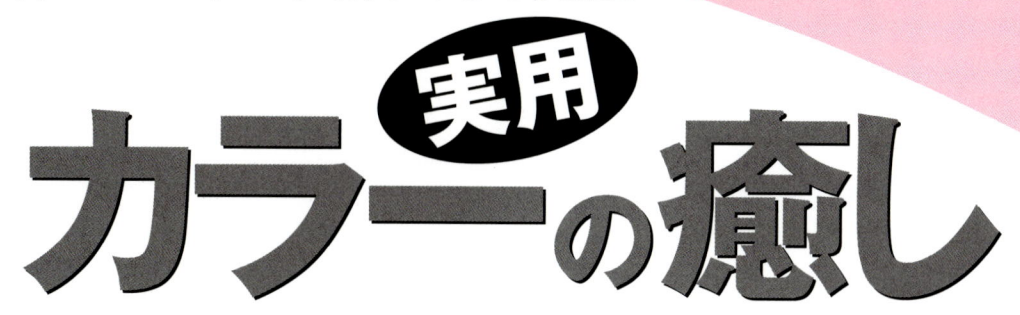

カラーの癒し 実用

"実用カラーヒーリング"の新装普及版

リリアン・ヴァーナー・ボンズ 著

今井 由美子
諫早 道子 訳

The Complete Book of Colour Healing
by Lilian Verner-Bonds
First Published 2000
under the title The Complete Book of Colour Healing
by Godsfield Press, Brunel House,
Newton Abbot, Devon, TQ12 4PU
copyright © Lilian Verner-Bonds, Godsfield Press 2000

The right of Lilian Verner-Bonds
to be identified as the author of this work has been asserted
by her in accordance with the UK Copyright,
Design and Patents Act 1988.

Photographer Mike Hemsley, Walter Gardiner Photography
Illustrations Kim Glass, Ian Mitchell, Andrew Kulman
Three-Dimensional Models Mark Jamieson

japanese translation rights arranged
with Godfield Press Ltd, Hants, U.K.
through Tuttle-Mori Agency, Inc., Tokyo

Printed and bound in China

Picture Acknowledgments
The publishers would like to thank the following for the use of pictures:

Abode UK: 39, 91. Corbis: /Lester V Bergman 114BL; /Bettmann 22, 42TR, 47; /Rodney Hyett 57; /Dave Kaup 26–27T; Laslo Veres 71TR; /Adam Woolfitt 45T. Liz Eddison: 30, 62T, 63; The Garden Picture Library: /John Glover 61. The Image Bank: /Patrick Curtet 7; /David De Lossy 81; /Antony Edwards 51; /Eric Meola 17. Science Photo Library: /Garion Hutchings 18, 53T. The Stock Market: /Jose L. Peleaz 28B; /Clayon J. Price 9. Tony Stone: /John Beatty 41; /David Croland 24; /James Darell 23; /Peter Dokus 49; /Paul Grebiunas 33; /Donna Kay 120; /Renee Lynn 90; /Laurence Monneret 82; /Peter Nicholson 21; /Victoria Pearson 103; /Paul Redman 37; / Rick Rusing 107; /Andy Sacks 83; /Rosemary Weller 100T and 135; /Charlie Westman 69; / Art Wolfe 118. Trip: 32; /Dinodia 128BL; /Helene Rogers 19; /Tjagny-Rjadno 50L; /Bob Turner 55; /N. and J. Wiseman 101.

Front Cover: The Stock Market/Pete Saloutos.

目次

はじめに **6**

第1章　色と光波　**8**
カラーセラピーの歴史／人間と色／シェード、ティント、補色

第2章　色の心理学　**16**

第3章　環境の色　**54**
住まいのムードを高める／ヒーリングガーデン／オフィスの雰囲気を高める／洋服の色を選ぶ

第4章　パートナーシップと子育て　**72**
色のメッセージ／子どものための色のケア

第5章　カラーヒーリングとそのテクニック　**92**
エネルギーヒーリング／オーラ／チャクラ／色とクリスタル／動物のためのカラーヒーリング

第6章　色の向こう側　**122**
カラーホイールのダウンジング／カラーリーディング／水晶占い／夢に現れる色／カラーキャンドル

索引　**142**

はじめに

色と暮らしは強く結びついています。私たちが誕生したその瞬間から、いやそれ以前から、色は人生の一部にほかなりません。色に無関心でいることは到底できないのです。色は人間関係に、また住まいや工場、オフィス、病院の環境にも影響を与えます。身につけている衣服の色は名刺であり、その色が自分自身だけでなく周囲の人々にまで作用します。

料理や飲みもの、手で触れるものなど、私たちを取り巻いているものすべてに色は影響しています。気分や感情は色に左右されますし、色使いは個性を引き出します。よく、「気が滅入る」"have the blues"、「またとない機会」"golden opportunity"、「激怒する」"see red" など、私たちは色を使った表現を口にしますが、色の重要性を認識している人は、決して多くありません。

先史時代をはじめ、古代の文化は色と結びついており、色は崇拝の対象でもありました。実際、数億年前に埋葬されたと思われる人骨が色石や他の埋葬品とともに出土した際、骨は代赭石（たいしゃ）で赤茶色に色付けられていました。太古の人々は、あらゆる色の源である太陽をあがめ、そのヒーリングパワーを活用しました。

西洋での色彩治療の歴史をさかのぼれば、古代エジプトにたどりつくと言って間違いないでしょう。ここでは、聖地や寺院で治療が行われていました。しかし古代エジプトのカラーヒーリング、すなわち色彩治療とは投薬を指しました。治療すべき病状と同じ色の薬を用いるからです。例えば、打撲には紫色の薬を、出血には赤い薬を使いました。

現代のカラーセラピーは科学的で秩序だっており、この後のページで紹介するように、長い年月を費やして発展、確立されたものです。その効果はカラーセラピストのみならず、医師、心理学者、精神科医、神経科医にも探究され続けています。

色の有益性

色の世界を探る前に理解しておきたいのは、色には強い力があるということです。色をつけることによって、ある物に視線を集めることができます。色とは表面的なものではありません。人間は目で見ることができますが、色はより深く、遠く見ることができるのです。

色は光から作られ、光のないところには、生命は存在しません。ブリリアンス、すなわち純粋な光の輝きからすべての色が生まれ、各々の色が私たちの身体に、精神的、情緒的、肉体的な衝撃を与えます。身の回りに存在する色は、あらゆる手段で私たちの日常生活に影響を及ぼしています。色の力を知り、色がその時々の気分や感情、さらに行動にまでも影響を与えているという意識を高めれば、色を用いて人生にプラスの変化をもたらす方法を学ぶことができます。ヒーリングを必要とする問題の大半は、ある特定の色を使うことによって解決が可能です。なぜなら色は心と体に調和と均衡をもたらすからです。治療に選んだ色によって、リラックスしたり、興奮したりと、目に見えない色の振動で人間の心身に変化を起こすことができます。

色の探究は、生検のように体を傷つけることなく、自分自身を発見する方法です。色とは単なる「色」ではありません。独自の知性をもっているのです。どのような色があなたの役に立つのかを知ってください。人生を転換することができる色を。

適切な色で、あなた自身を、健康に豊かに、そして賢明に彩りましょう。

本書について

この本では、カラーセラピーの歴史と発展について述べ、次に心理、個性、身体と色との関係、さらに身体と感情を癒すための色使いについて解説していきます。またパートナーとの関係や子育てに色がどのように関わるか、そして直感力、精神力を強化するための色の用い方についても述べていきます。このように、本書は効果的な色の用い方についての幅広い内容を網羅した実践的な解説書です。本書を読めば、色のもつ力を、感情の、肉体の、精神の癒しに役立てる多くの方法が学び取れるはずです。

RIGHT 右
絶え間なく地球を照らす太陽の光。その光からすべての色が生み出されています。

❶ 色と光波

光とは、電磁スペクトルのごく一部を指します。この電磁スペクトルには、エックス線やラジオやテレビの電波、マイクロ波、紫外線、赤外線も含まれます。これら電磁波は、水面に立つ波と動きがよく似ています。しかし電磁波の場合、3次元で、通常は直線上に動き、源から拡散するのが特徴です。この波の波頭から次の波頭までの距離によって、電磁波は区別されています。波頭間が1メートル以上のものもある一方で、ガンマ線のように、1メートルの1兆分の1のものもあります。私たちが可視光線として認識しているのも電磁波の中の小グループです。

可視光線の波長はとても短く、その単位には1千万分の1ミリが使われているほどです。1ミリですら1メートルの1000分の1、0.03937インチに過ぎません。この微少な単位を表すのに、オングストロームという言葉が使われます。赤の光は、7,604オングストローム、約39,000分の1インチです。これに対して、スペクトルの反対側の端に位置するすみれ色の波は3,968オングストローム。この2色の間に、様々な色のスペクトルが連なっています。幅広い電磁スペクトル全体の中では、この2色間にはあまり差がありません。可視光線のスペクトルの両脇には、赤外線と紫外線が位置します。これらは、人間の目には見えない光線ですが、ヘビやハチなど多くの生物にとっては可視光線です。

地球上の生物は、人間が感知できる、ごく限られたスペクトルの範囲内でのみ生きられるよう進化しました。スペクトルの他の部分、例えば長波側のマイクロ波や短波側のエックス線は危険で、人間や他の生物の命を奪うほどです。ほぼすべての電磁スペクトルの源である太陽は、有害な電磁波を大量に放出していますが、大気によってそれらが遮断されており、私たちには影響がありません。ですから、フロンによるオゾン層の破壊に見られるように、大気を汚染すれば結局は自分たちが害を被ることになるのです。

光は、大気圏の場合と同じく、真空で1秒間に18万6千マイル（約30万キロメートル）進みますが、空気のように密度が濃い物質や、さらに密度の濃いガラスのような物質にぶつかると、速度は下がります。光波が速度を変えると、同時に方向も変わります。つまり曲がるのです。なぜなら、異なった波長の光は各々わずかにエネルギーの強さが異なるため、曲がる方向に若干差が出るのです。スペクトルの全色を含む白色光が高密度ガラスであるプリズムに入ると、スペクトルの各色に色が分かれるのは、このような理由からです。

地球上に暮らす生物にとって、光は多くの恩恵を与えてくれていますが、その最たるものは、色でしょう。人体は、その進化の過程で、色と深く結びついてきました。私たちの肉体や生命は色と関わり、存在しています。なぜなら、電磁放射を私たちは色と認識するからです。カラーセラピーを治療の重要な手段とみなすことができる理由がそこにあります。万物を取り囲み、とりしきる、色という要素を用いるのです。

ABOVE 上
可視光線とは、電磁スペクトルの小単位に過ぎません。

RIGHT 右
プリズムを通すと色が分かれるのは、各色のわずかなエネルギーの違いによるものです。

カラーセラピーの歴史

今日的な意味合いでの色による治療は、はるかヒポクラテスの時代、すなわち紀元前4世紀にも行われていました。「医学の父」と呼ばれているヒポクラテスは、様々な色の膏薬を傷の手当てに使っていました。アリストテレスは紀元前300年頃に、色のついたクリスタル、軟膏、鉱石、染料を治療薬として使うよう勧めています。また、紀元1世紀頃のローマの伝説的医師、A.C.ケルススも色を広範囲な治療に用いました。しかし西洋では、キリスト教の到来以降、多くの古代の知恵は片隅に追いやられ、それら一連の治療は「邪教」とみなされました。

その後とりたてて進歩の見られなかったカラーセラピーが一躍脚光を浴びたのは、ルネサンス期に入ってからです。科学的発見の前に中世の迷信が屈し始め、やがて「科学」はアリストテレスを越えました。この時代には、色を活用する一大ブームが再来し、装飾と治療という両分野で人々は色を見つめ、表現しました。古代の色彩言語とは、ある色が単に明るいのか暗いのか、つまり、黒っぽさやくすみの度合いを表現しただけのものでした。しかしルネサンスの時代には、色味とシェード、ティントを表現するようになったのです。例えば、空の青、森の緑、体に傷を負ったときの暗いワイン色という具合です。同時に、様々な色の鉱物を砕いて接着剤の上に吹き付け、巨大なタペストリーや壁画を生み出す技術が発明されました。ルネサンス時代の偉大な医師、パラケルスス(1493-1541)は、心と体の治療に色を使い、同時代でもっとも腕のいい治療者と評価されていました。

色とその意味のごく一般的な関連性は、時代や経験によって少しずつ現れてきたものです。多くの文化は色に神聖な意味を結びつけてきました。アステカやマヤの人々は羅針盤の四方は色と結びついていると信じ、彼らの世界では、すべてがその色に「染まっている」と考えていました。若い娘の上半身を赤い羽根で、下半身を黄色い羽根で飾るという方法で、色を神への捧げ物として供することすらあったのです。

色に対する今日的な理解は、数学者であり、科学者でもある、かのI・ニュートンの発見に根ざしています。1666年、ニュートンはプリズムに光を通過させ、新たな理論を発表しました。すなわち、白色光とは虹色の全色が混ざり合ったも

LEFT 左
マヤの人々は四方に独自の色があると考えていました。この呪術用の十字架にも、色がめぐらされています。

のである、という理論です。当時知られていた7つの惑星に数を合わせて、光をスペクトルの7色に分けたのも、ニュートンが最初でした。彼は、光と色は直進する粒子であると考えました。やはりニュートンと同時代の英国の科学者R.フックの場合は、光と色は波であると考えました。両者とも正しいことが後に証明されました。

20世紀初期の医学の発展によって、色の治療的側面に科学的な探究がなされるようになりました。医学博士ディンシ

カラーセラピーの歴史

ABOVE 上
今日のような色彩理論の発展は、すべてI.ニュートンの発見から始まっています。

LEFT 左
適切な色を取り入れれば、あらゆる環境が生き生きと活力のあふれる空間に変わります。

ャー・P・ガディアリは、カラーライトでの治療を始めました。スペクトロ・クロムメトリーと呼ばれたこの治療法は、今日ではクロモセラピーという名で知られています。1903年には、デンマークの医師N・フィンセンの光と色を活用した治療法に対して、ノーベル賞が授与されました。さらにその半世紀後、米国のF・ビランがカラーセラピーの礎を築きました。彼はカラーセラピーとその理論を多くの異なった分野から集め、まとめ上げたのです。治療法としての色の活用とは別に、今日では心理テストに色がよく使われています。バーゼル大学のM・ルシャー博士が、色を使った、簡単でしかも効果的な診断ができるテストを開発しました。このテストは心理学者、精神科医、内科医師に広く利用されています。医療現場では、赤外線と紫外線を広範囲な治療に使用していますし、産業心理学者は職場での効果的な色使いを意識しています。この瞬間ですら、色彩理論と治療の歴史は発展し続けているのです。

人間と色

人間の色に対する感性と反応は、長い歴史を経て進化してきた証拠があります。最近の言語研究によって、人間の進化と、色を認識する方法とがほぼ一致していることが明らかになりました。その研究によると、人間の歴史上最古の言語では、色の区別はほとんどなく、単に「明るい」か「暗い」かだけでした。世界は事実上、無色だったわけです。

やがて色を表現するために、初めて独立した色名が作られました。それが「赤」です。血の色には神聖な意味があったようです。先史時代は、いったん埋葬した遺骨を掘り出して赤土を塗りつけ、再び埋め戻していました。これはおそらく、死者を甦らせるための行為だったのでしょう。現在でも、西欧には「赤」が生命や美と結びついている言語が複数あります。「赤」の次に独立した色名は、「緑」と「黄」です。

今日でも、私たちの色彩言語は完成にはほど遠い段階です。今この瞬間に使われている言語の中にも、「茶」を表す単語のないものがいくつもあります。また、消えてしまった色名もあります。古代英語の "wann" がその例で、かつてはカラスの翼の光沢や月明かりに照らされた水面の輝きを表すのに使われていました。

人類の進化は、色や色の認識と密接に結びついているため、色を表現する言語を通して人類の進化をたどることができます。スペクトルの段階は次のとおりです。

- **原始人**——生殖と生存——赤
- **農業の発展**——複雑な工具作り——オレンジ
- **動物の家畜化**——黄
- **エジプトでの文明の誕生**——都市／宗教的、道徳的思想の誕生——緑
- **ギリシア哲学の発展**——青
- **法律や社会秩序への依存**——藍
- **洗練、ローマ帝国の支配的平和**——紫
- **ルネサンス**——創造性の緑
- **清教徒**——グレーの道徳性
- **産業革命**——くすんだ色からの解放
- **宇宙時代／水瓶座の時代**——真実という青の精神

RIGHT 右
人類発展の各過程にスペクトルの色に当てはめることができます。

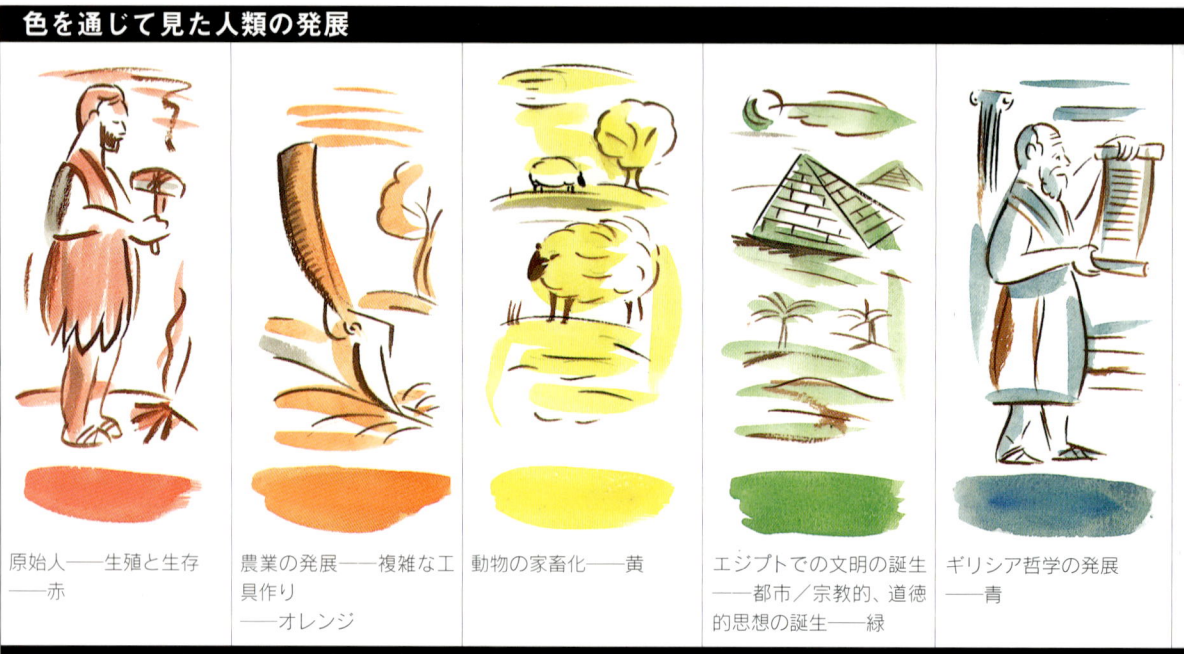

色を通じて見た人類の発展

原始人——生殖と生存——赤

農業の発展——複雑な工具作り——オレンジ

動物の家畜化——黄

エジプトでの文明の誕生——都市／宗教的、道徳的思想の誕生——緑

ギリシア哲学の発展——青

色の有効期間

虹の7色を用いて、人生の各過程を観察することができます。
下の表では人生を7段階に分け、
各過程を表現するのにもっとも適した色を示しています。

年齢	色	色名	意味
誕生〜10歳まで	🔴	赤	肉体的成長
10〜15歳	🟠	オレンジ	動き、ダンス、運動
15〜20歳	🟡	黄	知能、教育、学習
20〜40歳	🟢	緑	人間関係、愛、子育て
40〜60歳	🔵	青	動から静への移行
60〜70歳	🔵	藍	認識──ひとまとめにして完成させる
70歳以降	🟣	紫	洞察力──無限

法律や社会秩序への依存
──藍

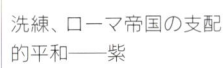

洗練、ローマ帝国の支配
的平和──紫

ルネッサンス
──創造性の緑

清教徒
──グレーの道徳性

産業革命──くすんだ色
からの解放

宇宙時代／水瓶座の時代
──真実という青の精神

シェード、ティント、補色

私たちが通常色と言うときは、色相"hue"を指しています。これは波長の長さによって科学的に表現された単一の限定的な色のことです。赤とは波長が常に7,604オングストロームのもの。今このように科学用語で色を定義しましたが、色彩理論の歴史のページ（参照→P.10〜11）に書いてあるように、色相に対する認識と分類には、莫大なバリエーションがあります。本書では、基本的なスペクトルの7色、すなわち赤、オレンジ、黄、緑、青、藍、紫を用い、さらにそれらの色のシェードとティントを示すことにします。

ティントとは白を混ぜた淡い色のことです。白を混ぜることによって、色が治療に一層効果を発揮します。例えば、基本的な赤の色調よりも、ペールピンクのほうがはるかにパワーをもっているのは、ペールピンクに白が多く混ざっているからです。

シェードとは、暗い色のことです。基本の色相に黒を混ぜた色を指します。色のトーンとはすべて、その色のもつ基本的な色合いの濃淡ですが、基本色よりもティントかシェードか、つまり明るいか、暗いかの間には大きな隔たりがあります。一般的に、ティントはプラス、シェードはマイナスとされていますが、自分自身が必要としているものに目を向けさせるという意味で、マイナス面も有効に働きます。

隠れた色

色を扱っていると——特に治療に用いる場合は——隠れた色を認識することが重要です。例えば、オレンジは赤と黄から作られます。目はオレンジを見ていても、オレンジの中にある赤と黄のエネルギーも肉体は経験することになります。オレンジ

ABOVE 右
ヒーリングでは
「隠れた」色を
認識しましょう。

RIGHT 右
赤の色相に
白を混ぜた色
（ティント）と
黒を混ぜた色
（シェード）。

を使って癒すとすれば、オレンジに関する特徴と同様に、赤と黄の特徴も心に留める必要があります。緑も隠れた色をもっています。緑そのものにも意味がありますが、緑を作るのに必要な黄と青のもつ意味も注意します。同様に紫の場合なら赤と青のもつ意味に注意します。グレーは黒と白の混ざった色です。この場合も、両方の色の意味を考え合わせる必要があります。

科学者や芸術家、また企業の場合は色使いに関する独自の理解があります。しかし、治療の道具として色を扱う場合は、ある色のティントやシェードに隠された心理学的、霊的な意味を考えなければなりません。

補色

スペクトルの各色には、その色を補う反対色があります。補色は特にヒーリングに有効ですし、日常的にも便利に使うことができます。補色を知っていれば、あなたをサポートしたり助けたりするための適切な色を即座に特定することができます。

他人の行動に極端にいらだったり怒りを感じたりする瞬間、あなたの体は、赤のエネルギーの過負荷に対して反応している状態です。そんなときは赤の補色である青をイメージしたり、青の衣類を身につけたり、青色の物に視点を合わせましょう。怒りの感情が去るまで、そうするのです。また、友人の家を訪ねた際、そこに使われている色のために気分が落ち着かないことがあるかもしれません。おそらくリビングルームの装飾に使われている黄色が原因でしょう。そんなときは、目を閉じて、黄の補色である紫をイメージすればよいのです。その部屋を立ち去る必要はありません。補色をイメージすれば、黄色の振動を取り払ってくれるため、リラックスして時を過ごせるでしょう。ある色のマイナス面に対処してくれる補色を、イメージしたり、その色の物に視点を合わせたり、身に付けたりすることを覚えておいてください。

BELOW 下
補色のカラーチャート

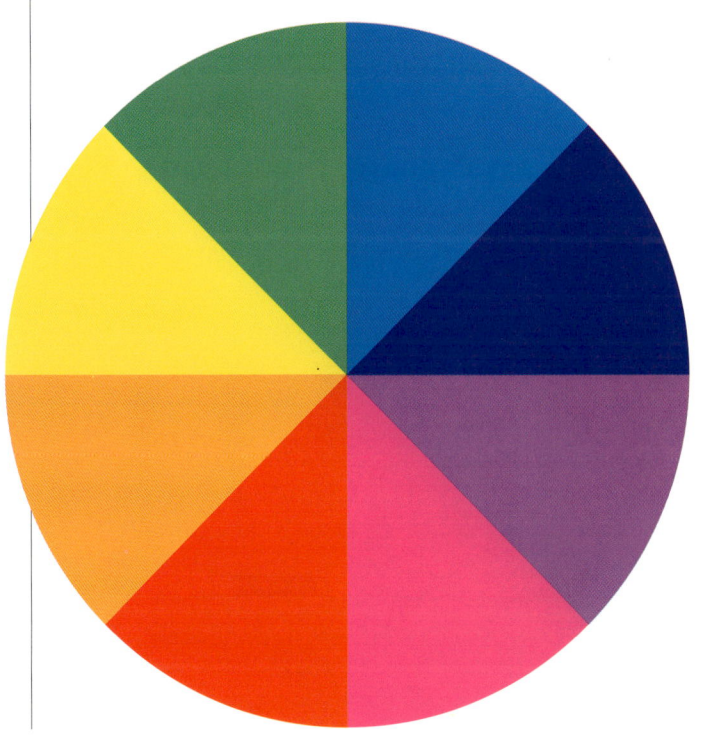

ABOVE 上
調和と均衡を取り戻すためには、緑のライトを浴びます。

カラーライトを使ったヒーリングであるクロモセラピーにも補色が使われます。青のライトには赤のいらだちを抑える効果があり、その反対に、赤のライトを使えば青の憂うつな気分から抜け出すことができます。あまりにも多くの色が使われていて、補色を1色に特定できない場合は、緑のライトを浴びたり、緑色をイメージしましょう。緑は中和作用があり、どのような状況でも均衡と秩序の取れた状態に回復させてくれます。オレンジの補色は藍色で、虹の7色の中央に位置する緑の補色はマゼンタ、すなわち赤と青のミックスされた色です。

❷ 色 の 心 理 学

人間の身体は色に反応します。私たちの気分や心の状態は色に左右されるのです。例えば赤、オレンジ、黄は温かみと広がりを感じさせ、活気、興奮、喜びといった感情を引き起こします。対して青、藍、紫は心を落ち着かせ、冷静さをもたらします。色の心理学は学習できる言語であり、基本的な意味を理解すれば、色が私たちに示そうとしていることが読みとれるようになります。

色の心理学をテーマに、すぐれた心理学者や精神医学者らが研究を行ってきました。その代表的存在が精神神経科医のK・ゴールドスタイン博士です。彼は人間性心理学の創始者であり、第二次世界大戦時に脳に傷を負った兵士の研究で、最初に名を知られました。ゴールドスタイン博士は、次に色とその影響に注目し、カラーセラピストなどの色の研究家が何年もかかって研究してきた内容を裏づける多くの発見をしました。すなわち、色が人間の身体全体に影響を及ぼすこと、それぞれの色には役割があること、そして健康的な生活を送るには色のバランスをうまくとることが必要であるという結論に達したのです。既に他の研究者によって、色への反応は一定であり、色が生命の全過程に深く絡んでいることが明らかにされていましたが、それらの結果が博士によって裏付けられました。

ゴールドスタイン博士は、色の心理学の観点から、さまざまな精神状態や心理状態が色に対して明確な反応をすることを発見し、その発見は他の研究者によって裏づけられています。たとえば、アメリカ、スタンフォード大学のR・ロス博士は、ある一定の色が劇的な感動や強い感情に結びついていることを発見しました。またマリア・R・オヴシアンキナ博士は、内向型および外向型の人間の色の嗜好に関する、ゴールドスタイン博士の初期の発見までも裏づけています。色は私たちの時間の経過や空間に対する感覚、味覚と臭覚などにも影響を与えること、反対に様々な音から色は影響を受けることが明らかになりました。このように、色に対して私たちの身体全体が反応を示し、その影響が、その瞬間の感覚だけにとどまらないことがわかっています。私たちは色と深く結びついているため、その時々に用いる色によって、心身の状態すべてが、ある程度表現されることは明らかです。

現在では人間の精神状態が肉体の健康に深く関与していること——実際、このふたつは分離することが不可能だということ——が広く知られているため、色の心理学はヒーリングに深く絡んできます。

本章の資料を使って

本章ではこれから、様々な色、色のシェードとティント、もっとも一般的なバリエーションについて述べてゆきます。各色の心理学的意味について解説しますが、これは色そのものの意味でもあり、その色のもつ特徴として第3章以降何度も出てきます。この特徴を、必要に応じて個性、または適切な色として読んでください。

それぞれの色がもつ治癒力についても述べてゆきます。これもまた、本書の数カ所で引き合いに出されます。この本を読み、必要に応じて色の解釈を用いてください。覚えておいていただきたいのは、この色の解釈とは、充分に根拠のある科学的調査と、著者の長年にわたる開業経験から得た直感的解釈であるということです。あなたにぴったりの解釈、もしくは部分的な解釈を見つけるために、あなた自身の直感で判断する必要が出てくる箇所もあります。それが、色をよりよく知るためのトレーニングになります。色は多くの点において言語と似ています。実習すればするほど上手に使えるようになるでしょう。

RIGHT 右
色に対する並外れた感性は
人類のごく初期からの特徴で、
現在でも原住民の間では
その特性が維持されています。

ブリリアンス

ブリリアンスとは、明るく透明な「原光」のことで、すべての色がここから生まれ、ここへ戻ります。ブリリアンスは実際には色ではありません。白と混同しないでください。ブリリアンスとは地球上の色ではなく、万物の英知を象徴する「宇宙の光」なのです。臨死体験をした人が言うところの、トンネルの出口に見える明るい光であり、『チベット「死者の書」』("The Tibetan Book of The Dead")で、亡くなったばかりの人が向かうべきだと説いている光です。色のすべての光線は、ブリリアンスを通して完璧なバランスを持つことができます。それは愛、権力、知恵の純然たる三位一体を具現化します。私たち地球人のブリリアンスの源は太陽です。

ブリリアンスがなければ、内面的ビジョンも外面的ビジョンも存在しません。ブリリアンスは一直線に真実へと向かいます。すべての欠点や堕落を暴露する硬質の光なのです。ブリリアンス内には本質の正負両面すべての特質があり、自らの完璧さに輝いています。ある人を、際だっている "bril-

LEFT 左
太陽は、ブリリアンスの究極の源です。

RIGHT 右
光は完璧な栄養素。太陽の下で過ごす時間を作りましょう。

liant" と形容する場合、私たちはその人のビジョンの純粋さや、そこから生まれる行動を認識しているのです。ブリリアンスは私たちの命を継続させる純粋な光です。誰かが「元気がない」"off-color" と言う場合、それは文字どおり色彩に欠けているのです。人の光が濁っていたり薄くなっていると、私たちはなぜかそれを感じ取ることができます。光が完全に消えてしまったら、その人は死んでしまいます。光のないところに、生命はないのです。

ティントとシェード

ブリリアンスは至高の光であるため、シェードもティントもありません。すべての色がブリリアンスから生まれ、すべての色がブリリアンスに戻ります。

ブリリアンスを用いた心のヒーリング

ブリリアンスは、必要な行動を取るための道を開き、人や色におけるどんな曇りも晴らしてくれます。何もかも分からなくなったときに、希望を与えてくれます。ブリリアンスは私たちの生活における迷いを払拭してくれるので、状況が明確になってきます。ブリリアンスを用いれば、制限的形態の世界、つまり「物質的」宇宙と、すべてが生まれ、すべてが戻っていく場所である、無形の「精神」との間でバランスを保つことができます。また、心と頭のバランスを取るよう促してくれます。

また、ブリリアンスは変換のエネルギーでもあり、正負両面を持ち、過去を清算して新たに出直す力を与えてくれるものです。転居や転職などといったものから、内面の微妙な変換まで、あらゆる変化をもたらしてくれます。行動や思考の古い様式が消え、喜びや高揚感が取ってかわります。新たなあなたが生まれるのです。透明に輝くブリリアンスは、光が絶え間なく放たれている限り、常にあなたに道を示してくれるのです。

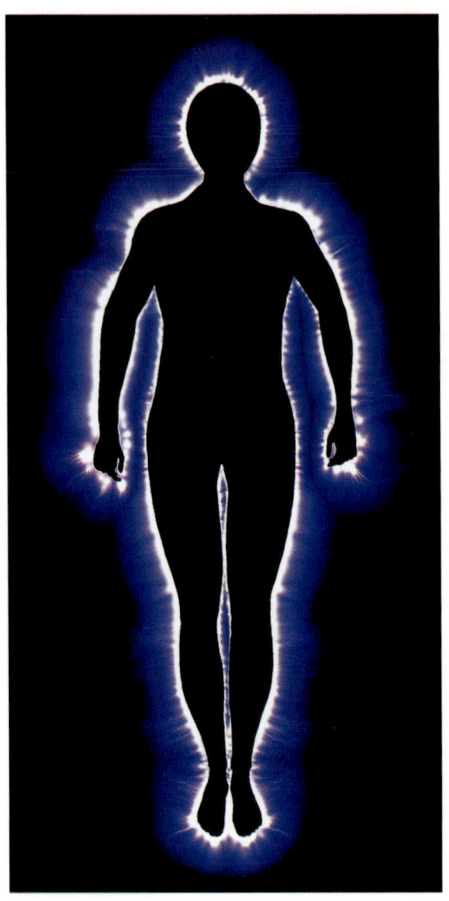

LEFT 左
ブリリアンス、すなわち輝きに満ちた肉体から生命力が放たれます。

ブリリアンスを用いた身体のヒーリング

　ブリリアンスはリンパ系や、身体からゴミを濾過して取り除く領域とつながっています。生命のエネルギー力の目に見えないオーラなのです。

　カラーセラピストの多くはブリリアンスを、どんな状態でも修正する力を持つ「万能薬」と考えています。しかし私は、明るく輝く光を重んじ、ヒーリングには控えめに使うよう、いつも皆さんに言っています。燃えあがる火に向かうのと同じように重んじてください。やみくもに使うと、ブリリアンスは害を及ぼしかねません。けれど、気をつけて使えば、くっきりと澄み渡った光は、身体と心を一新し再出発させてくれます。

　明るい光は変化をもたらし、望まないものすべてを取り去ってくれます。病室の消毒剤が細菌や不愉快な臭いを取り去ってくれるのと同じ働きをするのです。暗い部屋で全スペクトルの光にさらされると、身体の病気、とくにアレルギーや慢性症状を一掃する過程が始まります。カーテンを開け、太陽光のパワーを部屋に入れ、癒しの過程を始めましょう。

　光は滋養になるもので、完璧な健康や幸福にとって大切なものです。否定的な感情をもつと、私たちの身体の中にある明るい光は欠けたり失われたり孤立したりします。ベッドに寝ていなくてはならない時は、スペクトル電球を使いましょう。歩くことができるなら、散歩に出て自然光を浴びます。すべての色が等しく身体に浸透し、あらゆる面であなたを若返らせてくれます。液体のブリリアンスである純水を充分摂取し、身体にバランスと平穏をもたらしましょう。

白

　白はスペクトルの全色を備えています。ブリリアンスと同様、それぞれの色を等しくもっているのです。しかし、ブリリアンスと違うのは、白には濃度がある点です。白い紙を光にかざすと、その向こうを透かして見ることはできませんが、ブリリアンスなら透けて見える、その違いです。白の基本的な特色は、平等です。すべての色は白に対して同等なのです。

　白の個性には、根拠に基づく信頼、希望をもたらす平穏があります。このタイプの人は、公正さと統一性を具現化し、精神を浄化させるために奮闘します。差別はせず、全人類を平等とみなします。すべての虚偽を暴き出すことを追求しますが、それらすべてを許す性質をも持ち合わせています。また、暗がりの隅々にまで光を当て、目隠しを取り外す力があり、真実がすべてに統一と調和をもたらすことが見えてきます。

　白の人は救いに務めます。このタイプの人が周囲にいると、なにもかもがうまくいくと確信がもてます。馬に乗った白の騎士、特定の死から私たちを救ってくれる白衣の医師、白い帽子をかぶり白い馬にまたがったカウボーイなど、危機一髪というところで必ず現れてくれるのが白です。やや冷たいかもしれませんが、とても有能です。現代的で精密な専門的職業が最適で、旅行はいつも身軽です。銀行業、公務員、それに能率的な仕事が白の精密さにぴったりです。宗教の伝道に関わる仕事も、死すら恐れない白の厚い信仰心に打ってつけです。

　しかし、白にもマイナス面があります。希望をもたらす反面、自分の影が最悪の敵となり、孤独へと向かっていくのです。

ティント

　他の色に白を加えるとティントが生じます。ですから白にはティントはありません。

シェード

　シェードとは他の色に黒を混ぜることなので、専門的に言えば白のシェードはグレーです（参照 →P.46〜47）。しかし、白は他のさまざまな色合いを含んでいることもあり、そういう場合は「オフホワイト」と言います。

　白のオフカラー、つまり冴えない白は、堕落を感じている心の状態を示します。オフホワイトの人は不平等な目に遭い苦しんだのです。不平等は、このタイプの人にとって、非常に強いストレスとなります。孤独を感じ、精神の荒廃につながる虚無感が生まれてきます。

RIGHT 右
白は精密さを要求する
専門職にぴったりの色です。

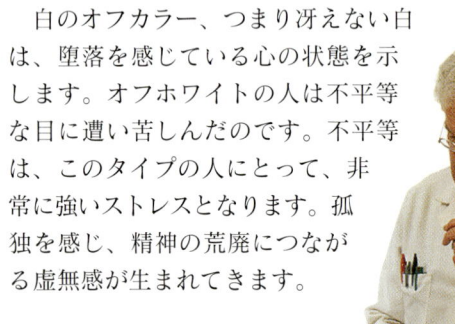

LEFT 左
白色光はスペクトルの
全色を合わせたものです。

白の個性と、その対極
すがすがしさ－汚れ

白のポジティブなキーワード
❖ 無垢　❖ 拡張　❖ 博愛
❖ 誠実　❖ 平和

白のネガティブなキーワード
❖ 隠遁　❖ 冷酷　❖ 厳格
❖ 失敗　❖ 頑固

LEFT 左
白を身につけ、平穏と
浄化を瞑想しましょう。

白を用いた心のヒーリング

　白は心を開きにくい人に役立つ色です。氷解の過程が始まり、分厚い氷が切り開かれてゆき、目隠ししているものが取り除かれます。頑固だったり、ある特定のことに対して融通のきかない人にとって、白はスペクトルの各色をわずかずつでも与えてくれます。その人にスペクトルの全色を気づかせてくれるのです。

　白は平和と清らかさを奨励します。心の安定を取り戻したいときには白い部屋に入りましょう。けれど、長時間白い部屋にいるのは避けてください。孤独感に、平和な雰囲気が負けてしまう可能性があるからです。

　白を身につけ、身体の中にあるすべての色を補う形にすれば、自分自身に元気を与えることができます。また、白は成長と新しいアイデアを奨励しますので、拡張と創造性を生み出すきっかけとして大きな働きをしてくれるでしょう。

白を用いた身体のヒーリング

　白は全色を同等に含んでいるため、ある器官を別の器官と区別しません。しかし、眼球は白と結びついています。なぜなら、白のシェード、言い換えれば濁り具合で診断がつけられるからです。

　リンパ系を澄んだ状態に保つことが、白の得意とするところです。身体が白のペンキで満たされていき、身体中を移動してリンパ部位をきれいにしていくところを、特に脚の付け根、脇の下、腹部に意識を集中して想像してください。

　白は肌を柔らかくしっとりとした状態に保つのに役立ちます。身体を柔軟に保つ潤滑剤の働きもしてくれます。また、すべての色を等しく含んでいるため、白には抜群の強壮作用があります。白い光は浄化の働きをしますが、とくに淀んだ部分の殺菌に効果があります。白は殺菌剤でもあるのです。

赤

赤の個性をもつ人は、身体面の活気、生きようという意志にあふれているのが特徴です。アドレナリン、決意、熱意、意欲で満たされています。疲れを知らないエネルギッシュな人で、勇気、解放、ねばり強さ、情熱、興奮を体現します。どこかへ向かおうとする欲望がありますが、ややもすると考えなしに行動するところがあります。何があろうと我が意を通す、という面があるのです。元気いっぱい、刺激的、それでいて実践的で、決断を下して即行動に移します。ぐずぐずしていることは許されないのです。赤の人はよく言えば立派なリーダー、改革者、闘士であり、ほとんど無の状態から偉大なものを造り上げる建設者です。生命の躍動エネルギーを思いのままに操る探検家であり開拓者なのです。軍隊や起業家精神にあふれたリーダーたちは、特に力と思いやりがひとつになるところで赤に関係しています。

性的関係の支配者である赤は、刺激を受ければ満足のいく情熱的な性生活を与えてくれます。赤の人は人生に対する熱情と障害物を乗り越えようという意欲を持っているため魅力的に映り、刺激的で長続きするパートナーシップを築きます。

赤のバリエーション

スカーレット オレンジがかった赤であるスカーレットは、一風変わった支配的な色で、赤よりも強力です。スカーレットは、邪魔をされたり逆らったりされない限りは、とても愉快で野心に満ちあふれた人を造る色です。スカーレットは地に足がつき、大きなエネルギーと意欲を持っています。仕事を終えてしまわなければならないときや、何らかのキャンペーンを始めなければならないときにはとても重宝する特性です。自分の仕事に対するプライドを助長する色だからです。人生に対する愛と情熱が、よい副次的作用をもたらすでしょう。

クリムスン 青をほんの少し混ぜた赤、クリムスンには、ほどよい慰めを与えてくれる魅力的なヒーリング力があります。また、個体を強くしてくれる力も備えています。情緒面では、青が混ざっているため、人生に対するアプローチや人間関係におけるアプローチが、純粋な赤よりもかなりソフトです。クリムスンは誘惑と謎を組み合わせ、女性美を強調します。腹を立てているときのクリムスンの人は本当に魅力的で、説得力があります。

フレーム 炎を意味するフレームは、ファイア・レッドとも呼ばれます。鮮やかな赤とオレンジを混ぜ合わせた強烈な色で、すべてを焦がしてしまう力をもっています。焼き尽くして、すっきりさせるのです。手荒なやり方かもしれませんが、フレームは精神面でも身体面でも、熱した火かき棒で傷口を焼くような働きをします。フレームには黄色も含まれているため、他の赤系の色と比べて作用が迅速で、移動性にすぐれています。

マゼンタ 赤と紫を混ぜたマゼンタは、赤外線と紫外線の見えないエネルギーを操ります。マゼンタの個性をもつ人は「物事をあるがままに」受け入れます。欲しいものを手に入れるのにも穏やかな方法を取り、愛の力で目的を達成します。敵対する者の間に立ち、両者の間に平和と相互理解をもたらすことのできるすばらしい仲裁人です。マゼンタの人は、じっと待っていれば、いずれ欲しいものが手に入ることを知っているのです。時節を待つのが得意な人です。

ティント
ピンクには白が混ざっているため、赤の振動でも高い部分に位置します。ピンクは「優れた改善者」として知られています。ピンクは無条件の愛——捧げる愛も受ける愛も——であり、危機のときに使うとよい色です。ピンクは元気づけ、慰めることで憂うつと孤独を晴らしてくれる色です。強力な溶媒であり、好ましくないものはすべて溶かしてくれます。

若い人が薄いピンクに惹かれる場合、持っている可能性をフルに展開させる準備ができていることを意味します。若い人にはその希望を叶える時間は充分にあるのです。大人がこの色を選んだ場合は、非現実的な夢は捨て、考えを改めはじめる必要があります。それにより、長い間の努力が充分に報われることになります。

ABOVE 上
赤の個性、サー・ウィンストン・チャーチル。強く勇敢で、すぐれたリーダーシップを発揮しました。

RIGHT 右
クリムスンはひとりひとりの魅力を際だたせ、女性美を強調します。

ピンクの色が濃くなるに連れて円熟味が増し、今後発達する内面の美が現れてきます。

ピンクは精神美と向上、世界愛、同情、そして可能性の実現を表し、私たちすべてが探し求める不変で忠実で寛大な真実の愛を意味します。

シェード

ダークレッドのシェードは赤のマイナス面です。度の過ぎたわがまま、荒々しすぎる野心、残酷さ、性行為過多を意味します。失望から怠惰になるのがダークレッドの特徴です。最悪の場合、ダークレッドは専制君主的で残忍になり、前進することしか頭になく、猪突猛進によって引き起こされる苦しみを考えに入れません。極端になると、邪悪で残忍な行為をすることもあります。

スカーレットのシェードは妨害、良心の呵責の欠如、他人を操る策士を意味します。ネガティブなクリムスンの人は、自分の目的のために他人をむち打って働かせます。フレームのシェードは、物事の正悪にかかわらず、考える前に行動してしまうことです。火に触れ、痛みを感じて懲りる、という経験になるでしょう。

ダークレッドが攻撃的すぎるように見えることもあります。生まれつきけんか腰のダークレッドの特徴は、常に相手を言い負かさないと気がすまないことです。他人に対してしてしまったことで悩み、罪の意識や不面目を感じることもあります。同様に、自分自身も相当苦しんできたと感じ、虐げられ罵倒されたことに悲しみを感じています。

赤の個性と、その対極
拡張－縮小
赤のポジティブなキーワード
❖ リーダー ❖ 決意 ❖ 闘士 ❖ 精力 ❖ 勤勉 ❖ 尊重 ❖ 刺激剤
赤のネガティブなキーワード
❖ 残忍 ❖ 好色 ❖ 残酷 ❖ 偏見 ❖ 暴漢 ❖ 頑固 ❖ 悪評

赤を用いた心のヒーリング

赤はあなたを力強く押し、より大きなことを達成させてくれます。また、元気づけ、継続する意志の力を与えてくれます。赤は続けるための情熱を新たにしてくれます。何かをするのに怖じ気づいたり、気分が落ち込んでいたり、やる気が出ないときは、ほんのわずかの赤を身につければ行動を起こす気になったり、行動が早くなります。

赤は恐怖を取り除き、前進をためらったり渋る気持ちを克服させてくれます。ですから、死に直面した人に対して、死は新たな冒険への扉なのだと励ますときに、赤は効果的です。

ABOVE 上
官能的な赤い唇は自然の性信号です。

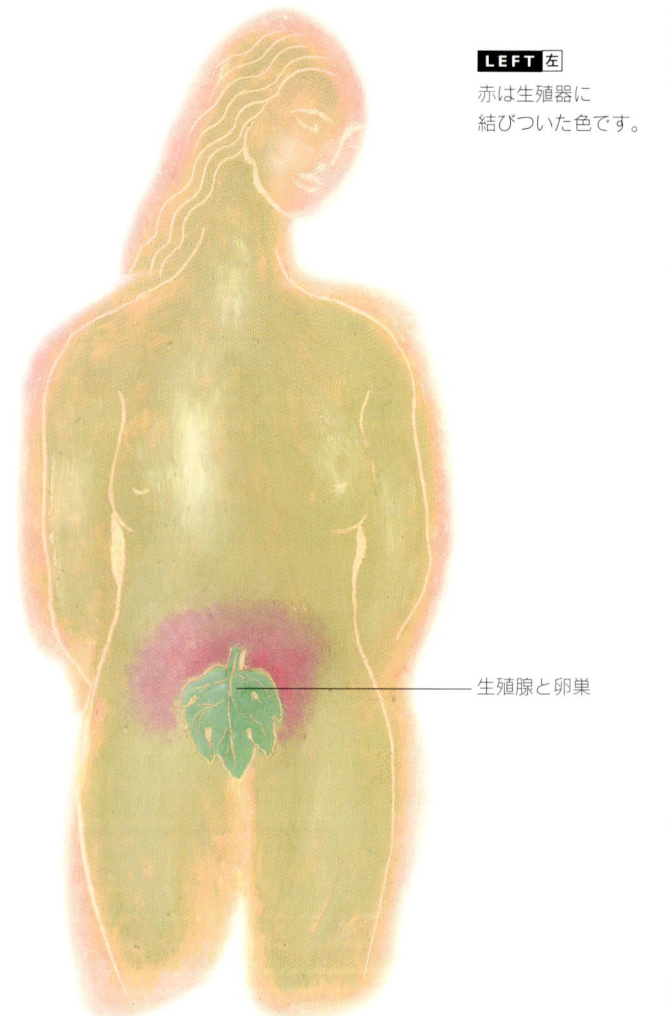

LEFT 左
赤は生殖器に結びついた色です。

― 生殖腺と卵巣

赤を用いた身体のヒーリング

　身体の中の赤は主として生殖器に焦点を当てます。赤と結びついている器官は生殖腺と卵巣です。また血液の循環にも焦点を当てます。赤の問題は、血液の循環を妨げる堆積物や不整脈、血栓、動脈の詰まり、心臓麻痺、心臓発作、貧血などとして現れます。

　赤は、否定的なものや好ましくないものを排除する強烈な力です。アドレナリンを血流中に送り出す作用を誘発します。ですから、攻撃や恐怖を克服し、エネルギーレベルを増大させることに結びついているのです。赤はとりわけ脚のこわばった筋肉や関節をほぐしてくれます。理学療法と組み合わせれば、麻痺にたいへん効果のある色です。赤は風邪を引きやすい人や寒気を感じやすい人にはいい強壮剤です。刺激のある解毒剤でもあり、血流をスムーズにするのにとりわけ効果的です。マゼンタの赤は内分泌系全体に有効です。

注　意

赤のエネルギーはたいへん強力なので、
ヒーラーとして用いるときは充分注意してください。

心臓の諸症状を治療する際には、
上半身に赤いライト（クロモセラピー）を用いないでください。

心臓の治療を行う際は、必ず専門医にご相談ください。

BELOW 下
心臓の治療をする際は、
赤いライトは必ず下半身だけに
当てるようにしてください。

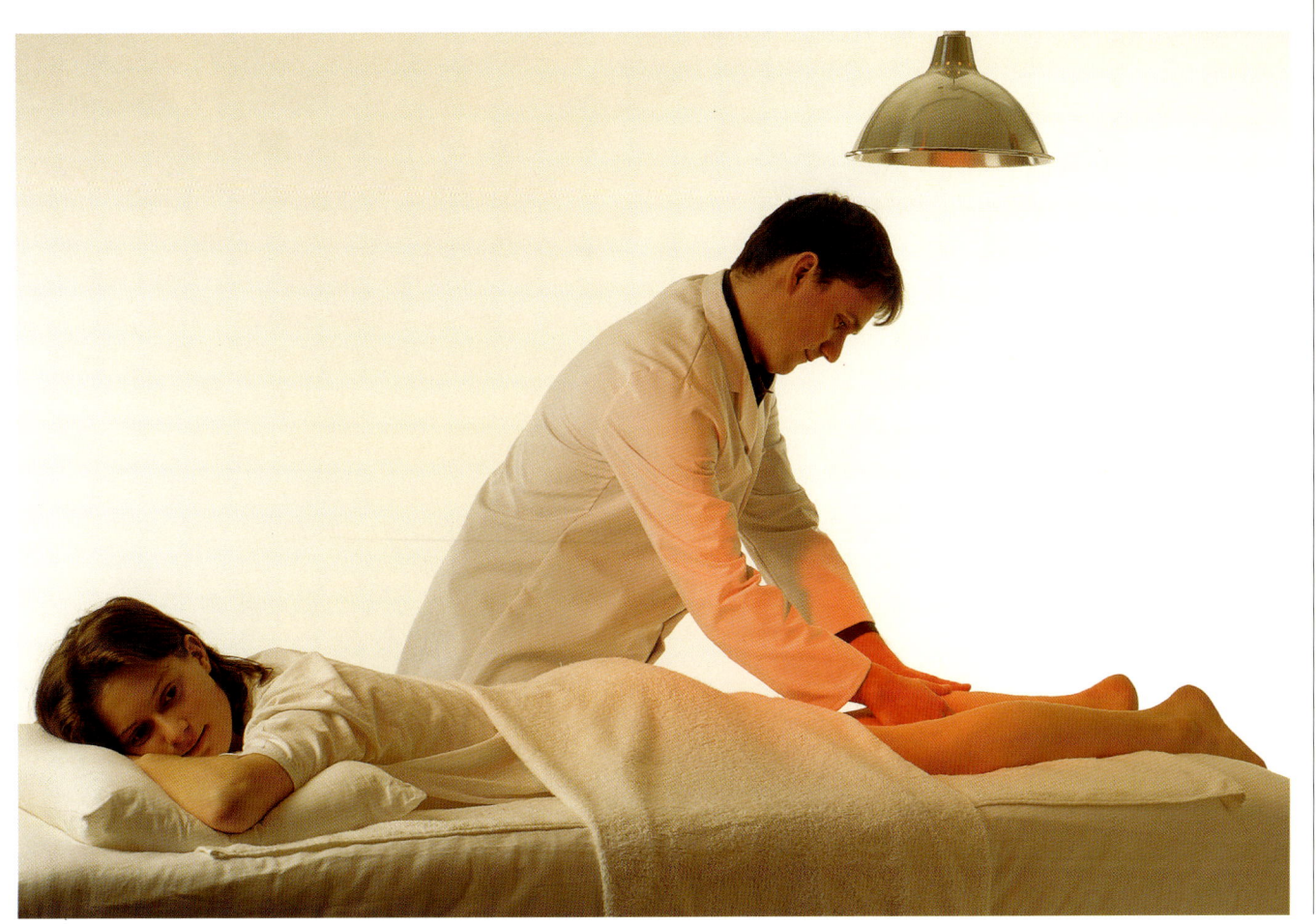

オレンジ

RIGHT 右
オレンジの個性は身体を動かす面に現れ、優れたスポーツ選手を生み出します。

FAR RIGHT 右端
オレンジは抑制や心理的麻痺を取り除きます。

オレンジの人には自力本願、現実的、穏和、寛容、親切、思いやり、という特徴があります。オレンジは知識を表します。試してから、それを受け入れるか拒否するかを決めるのです。起動力と持続性をもっていますが、赤があくまでも我を通すのに対し、オレンジは好機が来るのをじっと待ちます。前向きな楽天主義がオレンジの特性です。オレンジの個性は親しみやすく、グループの中心人物的存在です。それと同時に、コミュニティの大いなる支持者でもあります。グループ活動を好み、自分自身の成功よりも、グループが達成したことに誇りを持つタイプです。オレンジには、料理がうまく、スポーツマン・タイプの人が多くなっています。オレンジの個性は心が温かく寛大ですが、同時に劣等感に邪魔をされることもあります。

オレンジのバリエーション

コーラル コーラルの個性が目指すのは、人生における正当な場所を見つけることです。コーラルには柔和で他人に影響を受けやすい特徴があります。やる気はあるのですが小心なところがあり、後押しを必要とすることがあります。人づきあいを好みますが、相手の選び方やタイミングはうまくありません。人の話を聞くのが上手で、困っている人がいたらすぐに手を貸すタイプです。非常に鋭い知性の持ち主で、不正が行われたと感じたときには、それを正そうと厳しい態度に出ることができます。

琥珀色 琥珀色の個性は、感じることはできても目には見えません。一緒にいて楽しい人ですが、往々にして他人にはほんの一面しか見せないところがあります。他人や他人の動機にたいへん興味を持っており、他の人たちよりもそういう情報を多くもっているようです。ひたむきで、素晴らしい集中力があります。度量が広くて受容力に富み、生命の自然界における秩序がどうなっているのか、生まれつき知っています。

ティント

ピーチの個性は穏やかな説得者です。オレンジのもっともよい性質を持っていますが、起動力に欠けます。オレンジは人をジャンプさせますが、ピーチの場合、ジャンプしても安全だと私たちを安心させてくれます。ピーチの人は意志の伝達がうまく、人生に対する目標が定まっていないティーンエイジャーたちに働きかけることができるという奇特な才能を持っています。村の長老などがピーチの性質を備えています。

シェード

ダークオレンジは地下工作員やギャンブル中毒者に見られ、必ずといっていいほどけんか腰です。日和見主義者ですが、一生懸命やりすぎて失敗します。ダークオレンジの人は挫折感を感じることが多くあります。心得違いの野心がダークオレンジの最悪の面で、自分の実際の潜在能力（あるいは潜在能力のなさ）をほとんど把握していません。意地の悪いいたずらは、ダークオレンジのネガティブな面から出ているものです。

オレンジを用いた心のヒーリング

オレンジは私たちの第六感を支配しています。敏感で温和な力を持っており、障壁を取り壊します。オレンジ

LEFT 左
ピーチは、先へ進む時期を優しく私たちに教えてくれます。

オレンジ　27

オレンジの個性と、その対極
活動－怠惰

オレンジのポジティブなキーワード
- 気前のよさ
- 強さ
- 無私
- 偏見を持たない
- 勇敢
- 温和
- 活力
- 社交的
- 大胆

オレンジのネガティブなキーワード
- 高慢
- 陰気
- 自慢屋
- 横暴
- 人にものをたかる
- 当てにならない
- 押しつけがましい
- 放縦

は神経衰弱、鬱病、レイプ、離婚、事故などの症例の治療に有効です。オレンジは、悲しみ、家族を亡くした辛さ、何かをなくした寂しさに対して、他のどの色よりも効果的です。ひどく踏みにじられたと感じたときにも、オレンジはそのショックから立ち直らせてくれます。過去を清算できず、一歩前に踏み出すことを恐れる人はオレンジを嫌うことが多いのですが、そういった障害に立ち向かう力を与えてくれるのがオレンジなのです。すべての経験は、それがどんなにつらいものであっても、私たちに必要な栄養であるというのがオレンジの根元的な意味です。琥珀色は自分の判断を信頼するのに役立ち、ピーチはいやな思い出やつらい思い出に立ち向かうための安全な環境を生みだしてくれます。

オレンジを用いた身体のヒーリング

吸収の役割があるオレンジは、腸の実験室です。腹部、腎臓、腰部、腸の下部に結びついていて、副腎を支配しています。身体のオレンジの領域が同調していないと、身体的にも精神的にも人生の利益を吸収することができなくなってしまいます。

オレンジは喘息や気管支炎、てんかんや精神障害、リウマチ、さらには切れた靭帯や骨折の治療に役立ちます。理学療法で手足や筋肉にじかにあてがうことができます。カタル性疾患の治療にも最適です。更年期障害の治療には、オレンジに黄を混ぜて使用します。オレンジは男女どちらのホルモンでもバランスを取ることができ、不妊治療にも役立ちます。

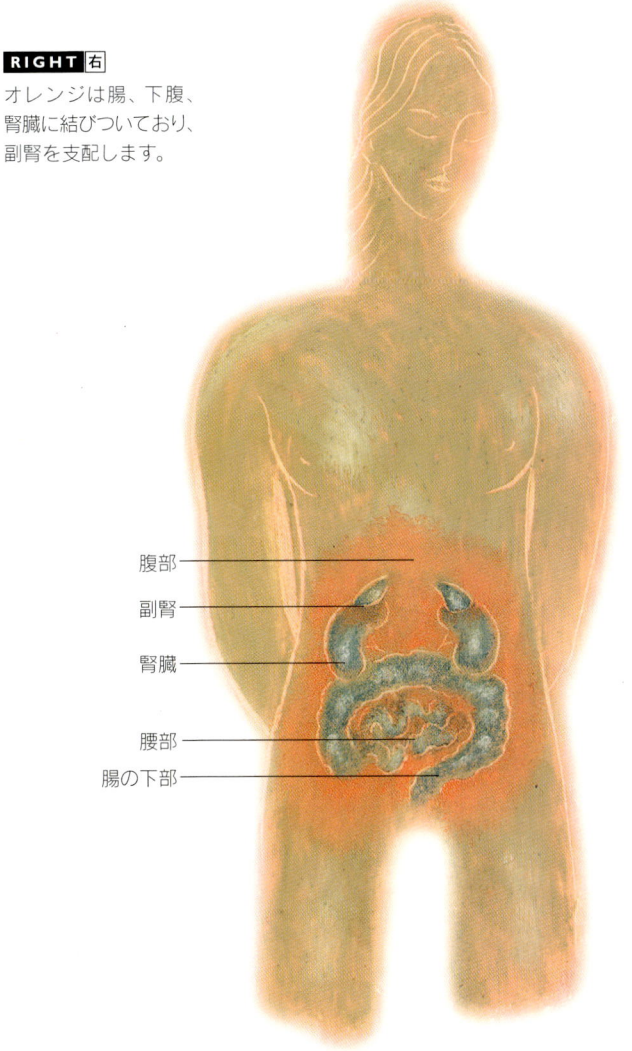

RIGHT 右
オレンジは腸、下腹、腎臓に結びついており、副腎を支配します。

- 腹部
- 副腎
- 腎臓
- 腰部
- 腸の下部

茶

茶は土の色を表し、茶の個性は信頼と団結そのものです。茶は「地の塩」なのです。堅実で有能で非常に安全です。茶の個性に刺激的な面はあまりありませんが、質素で一般的な良識を豊富に備えています。しかし、静かな自信を持って人生を歩んでゆくにもかかわらず、ほんの少し混ざっている赤の炎が、時折現れます。

　茶の人にとっては、安全であることが大切です。危険な橋は渡りません。行動に移る前に、まず安全を確かめずにはいられないのです。安全が確認できるまで、自分の意見を他人に明かすことはありません。茶はゆっくり、しかし着実に発展してゆきます。深く考え、労を惜しまない茶は、人生には目に見えるもの以外のものがあると理解しています。茶の振動をもっている人は、物ごとがどこでおかしくなりはじめたのかを見抜くことができます。極めて一途な集中力の持ち主なのです。

　茶の影響下にある人は、有能な右腕となります。上司の地

ABOVE 上
銅色ブロンズは静かで
有能な活動を表します。
決して誇示せず、さりげない
変化をもたらしてくれます。

位を盗もうとすることなく留守を守り、上司が戻ってきたときには喜んで元の場所に戻ります。

LEFT 左
茶は「地の塩」で、
循環を続ける
自然の能力を私たちに
思い出させてくれます。

茶のバリエーション

銅色ブロンズ この色に適応する人は、どのような活動でも静かに、しかし有能に成し遂げます。数種類の色を含んでいるため、ブロンズは複数の肯定的な面を表します。ブロンズの個性にとくに関連があるふたつの言葉は、スムーズな流れとバランスです。ブロンズはさりげなく個人的変化をなし遂げるための理解力を活発にしてくれます。

タン（黄褐色） タンに適応する人は静かな自信と鋭い直感を見せます。自然界の秩序を直感的に信頼しているのです。道を隅々まで調べ、足を踏み出す前に地面がしっかりしていることを確認します。

ティント

ベージュは茶の柔らかなティントです。柔和でひたむき、信頼しきれる安定した愛情の持ち主が、この色の特徴です。クリーミーベージュのタイプは、最終的には物事がいい方向に向かうと他人を安心させ、その人が現実を受け入れられるよう手助けをします。しっかりとした基礎を築くことを望みますが、子どもや土地を守るためなら危険をおかす覚悟もあります。ベージュは自分の仕事を正当に評価してもらいたがりますが、思うようにいかないかもしれません。このティントは直感面にすぐれており、この直感を働かせる人は物事の核心をしっかりと把握しています。

シェード

ダークブラウンは茶の個性のネガティブな面です。ダークブラウンはあらゆる種類の身勝手さに関連し、この色の人は自分本位で偏見を持っていて、他人の意見など意に介しません。このためダークブラウンの人は木を見て森を見ずというタイプが多いのです。物事を「正しく」行うことにこだわり、結局なにもせずに終わってしまうことがあるため、頑固さももうひとつの大きなハードルとなります。ダークブラウンは、新しいもののよさを見逃してしまうほどの伝統主義者です。明日に立ち向かうことをためらうことから、感情的にも妨げもあります。

茶を用いた心のヒーリング

茶には、私たちを母なる自然の胸元に抱かれているような気分にさせてくれる沈静能力があります。大地に近い色であるため、感情が荒れていたりストレスを感じているときに、「安心というマント」を与えてくれ、さらに現実的な支援もしてくれます。治療効果の高い茶の用い方は、やはり庭の活用です。特に土を耕し木を植えるとよいでしょう。茶のマイナス面で苦しんでいる人は、立ち上がり、本来の色をときおり見せる必要があります。

茶を用いた身体のヒーリング

白、グレー、黒と同じように、茶には身体の中で特に結びついている部位がありません。茶の体内の物理的機能は、排出を気づかせてくれることです。生理的欲求があるとき、それはすべての生命の循環処理が継続しているという茶の合図なのです。

茶の個性と、その対極
蓄積－腐敗
茶のポジティブなキーワード
❖ 結束　❖ 信頼性　❖ 穏健
❖ 沈着　❖ 面倒見のよさ
❖ 自信　❖ 忠実
茶のネガティブなキーワード
❖ 自信喪失　❖ 引っ込み思案
❖ 挫折　❖ 不満足　❖ 陰鬱
❖ 腐敗に対する妄想

ABOVE 上
種の茶色の殻は、その中の
力強い生命力を保護しています。
茶は可能性を約束します。

黄

黄の人は精神志向、きちょうめん、楽天家、潔白であり、知性を持って主導権を握ります。黄の個性は強い注意力ですが、融通がきき順応性もあります。新しいことを考えつく恋人です。科学者は大脳の黄の側面で考えます。この領域は、隅から隅まで物事を観察し、解明と発見を行います。カウンセラーもこの色を働かせます。

黄の人は肉体面でも精神面でも反射神経に優れています。躊躇することがありません。即決、即行動のタイプです。

黄は「優れた意思伝達者」の色です。ジャーナリストやマスコミ──新聞、ラジオ、テレビ、エンターテインメント──はすべて黄を持っています。言葉が見つからなくて困るということがありません。

黄は明るくやる気があります。ただし、怒らせると辛辣な毒舌家になります。人々は黄のまわりにいると気分がよくなります。黄の人はいつも楽しくて、漠然とした幸福感を広めるからです。

金銭のことになると、黄の人はあくどいほどに思慮深くなります。

最後に、黄の影響下にいる人はスタイルと洗練さを見せます。生来寛大な黄の個性は、狭量であることを嫌います。

黄のバリエーション

レモンイエロー　このタイプの人は非常に現実的で鋭敏です。誰もレモンイエローの人をごまかすことはできません。むだな言葉や煩わしい手続きを省くことを好み、いきなり結論を言いますが、一般的にはこういうやり方はあまり受けがよくありません。酷評家で疑い深いと言われていますが、同時に洞察力の鋭さが強みでもあります。

イエローレッド　イエローレッドと言われる人は、最良の状態にあれば素晴らしい慈悲のヒーリングパワーを発揮します。しかし、問題があります。イエローレッドの中にある赤が、軽率さや性急さの傾向を際立たせるのです。ともすると黄の正義は、犯した罪に対してはるかに思い罰を処するような無慈悲さにつながりがちです。

シトリン（黄水晶）　この色の個性はひと言で言えば気まぐれです。情緒不安定なうえ、矛盾していることが多いのです。金銭的には愚かなことをしがちで、多くの場合は身銭がつきません。ずるいところがあり、他人にもずるさを期待します。妖艶で、人をじらすこともあります。一方で、審美眼を持ち、公正さというプラス面を持ち合わせています。

LEFT 左
プリムローズイエローの淡い黄色には、精神的優雅さがにじみ出ています。

RIGHT 右
レモンイエローは、
実用性や鋭敏さを強めます。

ティント

　プリムローズイエローのティントをもつ人は、頭を働かせ、明白な部分を越えた世界を問題にします。意義や深い理解を探し求めるのです。精神的傾向が非常に強いことが特徴で、とっぴなほどそちらに傾倒することがあります。答えのない人生の問いを時間をかけて追求するため、社会からドロップアウトしがちです。しかし、才能のある子どもたちはプリムローズのタイプなのです。

シェード

　ダークイエローのタイプは、自尊心が低く的外れの自信をもっています。悪賢く、あてにならず、理屈っぽいのです。身体と同じように心にも悪影響を及ぼすものがあるという具体例です。ダークイエローの特徴は、他人や自分にとって最悪のできごとを期待します。より暗いマスタードイエローのシェードが入っているため、ネガティブな特性がさらに強くなります。栄誉を愚鈍とみなすような、とんでもない皮肉屋です。ダークイエローは分析をしすぎるため、口やかましい不平屋で毒舌家となってしまいます。

黄を用いた心のヒーリング

　黄はうつ病の治療に最適の色です。太陽神経叢を冒すもの、または太陽神経叢の変化によって現れてくるものは、黄の恩恵を受けるでしょう。黄はその人がもっとも直視すべきものを表面に持ち出し、人に話をさせます。精神的には黄は不鮮明なものやネガティブな考えを取り除きます。情緒的には低い自尊心を持ち上げ、喜びと笑いをもたらします。恐怖や病的恐怖症には、特に効果的です。

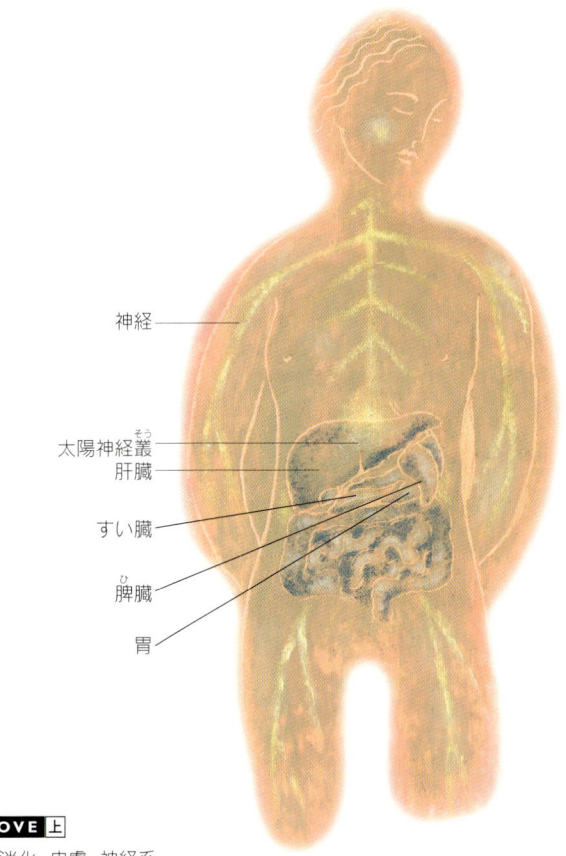

ABOVE 上
黄は消化、皮膚、神経系、そして腹部の上・中部にあるすべての器官に関係します。

黄の個性と、その対極
洞察力－回避
黄のポジティブなキーワード
❖ 機敏　❖ 精神的器用さ ❖ 偏見のなさ　❖ 独創的 ❖ 鋭敏　❖ 正直　❖ 公明正大
黄のネガティブなキーワード
❖ 皮肉屋　❖ 不実　❖ 自己没入 ❖ 見かけ倒し　❖ 軽率 ❖ 糾弾家　❖ 曖昧

黄を用いた身体のヒーリング

　黄はすい臓、太陽神経叢、肝臓、胆のう、脾臓、消化器系、胃、さらに皮膚や神経系に結びついています。黄は身体から毒を取り除く優れた効果があり、胃液の流れを促して器官を清浄、調整してくれます。リンパ系の刺激剤であり、更年期ののぼせや月経障害に有効です。

　黄はうっ血症状や便秘を解消するために用いられます。さらに、耳の障害、皮膚の発疹、擦過傷にも有効です。糖尿病、リウマチ、食欲不振に関係する症状にも効果があることが報告されています。

金

金の個性とは、一人称でシンプルに語る純粋さです。このタイプの人は探索しません。すでに答えを見つけているからです。心の奥深くにある知識や、過去の魂の経験すべてにアクセスする手段をもっています。もっとも重要なのは、金は自分自身を知っているということです。賢人で、知恵は自分だけのものではなく、他人に分け与えるものだいうことを知っています。非常に優しく、人間の栄誉を信じています。事実をすばやく把握し、必要なことが何かを理解している優れた助言者です。

金はまたリーダーの色でもあります。リーダーは必ず金の性質を持っており、人々の前に立つための、しっかりとした自覚があります。誰からもバカにされないタイプです。

金は経験と成熟の色です。金は成熟のため長い年月を地下で過ごし、掘り起こされるときには、凝縮された太陽の光を表現します。金の個性は若くはありません。人生の試練を乗り越え、貴重な古い記憶の埋蔵物を擁しています。

金の個性と、その対極
信頼−不信

金のポジティブなキーワード
- 成熟
- 啓発
- 豊富
- 寛容
- 成就
- 成功

金のネガティブなキーワード
- 皮肉
- 不信
- 妨害
- 陰鬱
- 不適任
- 無知

ティント

聖人の頭上にある、ほのかな金色の光輪を手に入れる唯一の方法は、真の自己否定を経験することです。純粋な淡い金色に結びつく屈辱の甘い涙が流れるのは、無意味なものを理解し、その不明瞭な壮大さに深く敬意を表した時です。淡い金色には下積みの経験があるのです。

シェード

金の個性の暗い面はうぬぼれです。黄のうぬぼれは金のネガティブな面のうぬぼれに比べると些細なものです。金の暗い個性は、ためらいのない自画自賛であり、生来持っている優れた価値は比類ないと信じています。また、特権とは、自分たちものであると信じて疑いません。黄鉄鉱のように、現実離れした期待に満ちているのです。根は非常に臆病で、誰のことも信用しません。暗い金の人は、今日という日を見逃すほど、永遠の若さへの鍵を追い求め続けます。

金を用いた心のヒーリング

許しの金色の涙は、何よりも優れたヒーラーです。許しと過去を忘れることは、より深い理解から生まれてくるものです。金の才能が開花するのは、信頼を通して愛の力を増した時です。あなたが信頼すれば委ねることができ、委ねれば得られるのです。金は肉体の抑圧状態も心理的な抑うつ状態も改善することができ、自殺願望を消し去ってくれます。バイタリティと充足感は、絶え間なく供給される金の特性のためです。なくしたり奪われたものは、どんなものでも戻ってきます。

金を用いた身体のヒーリング

黄の分枝である金と結びついている身体の部分はありませんが、感覚的刺激の中に金が見られることがあります。

金は神経をなだめ、幸福感で包んでくれます。金は「私」を意味し、自分自身を受け入れる手助けをします。このため金は、月経に固執するあまり、女性として価値がないと思い込むことからくる更年期中のうつ状態に効果があります。同じように、金は男性の更年期にも有効です。

身体的には金は消化不良、過敏性大腸症候群、リウマチ、甲状腺の疾患に効き目があります。発疹や皮膚の炎症にも有効です。金は他のものにしがみつかれるのを許さないため、あらゆる種類の寄生虫を排除してくれます。あなたの一部でないものはどんなものでも――感情的にも身体的にも――振り払ってくれるのです。

LEFT 左
純金の色は、その名前を持つ金属と同じで固く、腐敗せず、勝利を意味します。

RIGHT 右
年月を耐え抜く最高の知恵と真実は金に属します。

緑

緑は黄と青の中間、スペクトルの中では中央に位置します。これは、体の中の心臓の位置と同じようなものです。緑の橋を渡るには、まず愛について学ぶ必要があります。

理想主義者の緑は強い社会的良心の持ち主です。緑の人は自分を犠牲にしてでも他人にすんなりと手を貸します。緑の特徴は頼りがいがあり、社交的で、機転がきくことです。愛されるより尊敬されることを好み、倫理的な土台になろうとします。とくに、バランス、調和、安定、確立した生き方を追い求めるのが緑の特性です。明瞭と理解がその核心です。緑の人は議論の両サイドを理解します。時に観念と感情の板挟みを経験し動揺と混乱を引き起こすことがありますが、最終的には識別とバランスの能力を用いて正しい判断と行動へと導くことができます。緑の人は人生において適切な立場に身を置くことを望み、自分が何を持っているかという物質的側面からではなく、自分という人間そのものを認めてほしいと望んでいます。

LEFT 左

ダークグリーンは
解毒によって
物理的組成を強化します。

緑のタイプは繁栄する場合が多く、特にビジネスで成功を収めます。「よい生活」を好み、財産を築き上げることを好む色です。同時に気前がよく、自分の蓄積したものを分かち合おうとします。子どもや動物を愛し、人類に与え、仕える人々です。緑の人は、価値のある人間として見られたがります。医者の多くが緑のタイプです。戸外で働くのを愛するのも緑の個性で、優れた農業家や自然保護論者を生み出します。

LEFT 左
ライムグリーンは人生にスリルを与え、鋭い個性を生み出します。

緑のバリエーション

エメラルドグリーン 博愛、寛容、順応性に関して最高の質を持ち、特に優れたヒーラーとなる色です。物事の核心に突き進むエメラルドグリーンの能力は、心からの選択はすんなりと成功すると確信させてくれます。エメラルドグリーンの人は――考えにおいても、物質的なものにおいても――豊富な財を持っています。人をほっとさせるお年寄りのような雰囲気があり、安心感を与えてくれます。

グリーンゴールド 金色の入った緑の個性をもつ人は、その時々に必要なものをさっと出してみせる才能があり、無意識にあらゆるものを供給します。これこそ真の「手に入れられる」「できる」個性であり、金の自信と緑の穏やかさが融合したものです。グリーンゴールドの人は、常に正しいときに正しい場所にいます。コネクションをもち、必要なものを用意してくれます。グリーンゴールドに最適の職業は大きな店のオーナーでしょう。

青緑 青緑の人になら、もっとも隠しておきたい秘密も安心して打ち明けられます。機密性が青緑の別名です。心の底から自分をさらけ出すことができ、他人の事情についてはどんなことであろうと口を閉ざすことのできる人です。青緑をもつ人の最良の性質のひとつとして、他人に対する同情と理解が挙げられます。告白を受ける親友や聖職者は、彼らの中の青緑の部分が働いています。世渡りの知恵があり、霊的知識をもち合わせています。

ライムグリーン 酸味を感じさせる黄を緑に取り入れたライムグリーンは、鋭い個性を生み出します。ライムは出会うものすべてにスリルを与えます。この色の人は、規則正しい仕事のスケジュールを必要とし、挑戦や昇進を歓迎します。新しい方向に自分自身を駆り立てる過程で他人に逃げ道を作ってやりますが、細かいことを処理するために人の手を借りることになるでしょう。

ティント

　薄緑のティントは新たなスタートを意味し、永遠に若く期待に満ちている状態を示します。薄緑とは、常に何か新しいこと――それは人生の刺激的な新しい局面かもしれません――を「始めている」人であり、親切で優しい、霊感的で理想主義の人です。新しいプロジェクトや冒険に参加することを愛し、いつになっても新しいロマンスを楽しみにしています。薄緑の人は他人に対する思いやりと同情にあふれていますが、同時に経験不足ゆえの優柔不断で未熟な面も持っています。

　自分の実年齢や年相応に行動することを認めたがらないのが薄緑の特性です。たとえば、ピーターパンは薄緑の象徴です。薄緑があまり好きではない大人は、子ども時代を経験していない、つまり子どもの無邪気さを早いうちに失ってしまったことを示している場合があります。

RIGHT 右
ペリドットの緑はアイデアを生み出す力となり、物質的な富をもたらします。

シェード

緑が濃くなると、憤りや極端な所有欲が強くなり、要求や望みといった他人の感情に疎くなる傾向があります。

ダークグリーンの人は、すべてが自分を中心に回るのだと考えます。自己欺瞞、ねたみ、敵意などがダークグリーンの人の落とし穴です。この色の影響下にいる人は当てにならず、想像力に欠けます。

ダークグリーンは、子ども時代に向上心を抑えつけられた人に多く見られます。向上心を抑えつけられると感情面で反抗し、やがて肉体にもそれが現れるようになります。リウマチがそれです。また、ダークグリーンはその人が後悔や絶望ばかりを感じていることや、強欲な手段に出る可能性があることを示しています。

緑を用いた心のヒーリング

緑は主に黄と青から作られます。この2色が混ぜ合わさって緑になると、解決されるべき事柄が表面に現れます。黄は物事をはっきりさせる色で、青は洞察力をもたらす色なのです。このため、緑はたいへん重要なヒーリングカラーです。心と体の病の大半は、自らの過去のできごとや状態のせいで引き起こされるからです。明瞭にする、そして理解するという緑の特色は、ここで前面に現れます。安定化させようという緑の力は、バランスを取り戻し、心の安静をふたたびもたらす効果があります。

人間関係がひどくもつれているときに緑を用いると、感情が落ち着きます。緑は方向を示してくれるため、何かを決心しようとしているときに用いることができます。すべてを明瞭にしてくれるのです。

緑はスペクトルの中間施設、すなわち避難所です。

グリーンゴールドは神経性チック症やどもり、さらに重いノイローゼの人に有効で、青緑は躁うつ病に有効です。

緑を用いた身体のヒーリング

緑は胸腺、心臓、肩、胸部、そして肺の下部に結びついています。

緑はショックや疲労に適しています。吐き気を抑え、頭痛を和らげてくれ、閉所恐怖症の症状にも有効です。どんな悪性のものも安定化させ、病状の進んだ細胞から来る過剰な刺激を和らげてくれます。

緑は神経にとって最高の強壮剤です。鼻風邪や花粉症を緩和してくれます。緑はまた強い解毒作用があり、肝臓病に特に有効です。吐き気や胃の不調にも効き目があります。旅行先などで食生活に変化があったときに効果的です。マラリアにすら効き目があるのです。

青緑は心臓に有効なので、心臓の諸症状にも、また情緒的な心の問題にも、効果を上げます。

RIGHT 右
緑は心臓、肩、胸部、胸腺、肺の下部に結びついています。

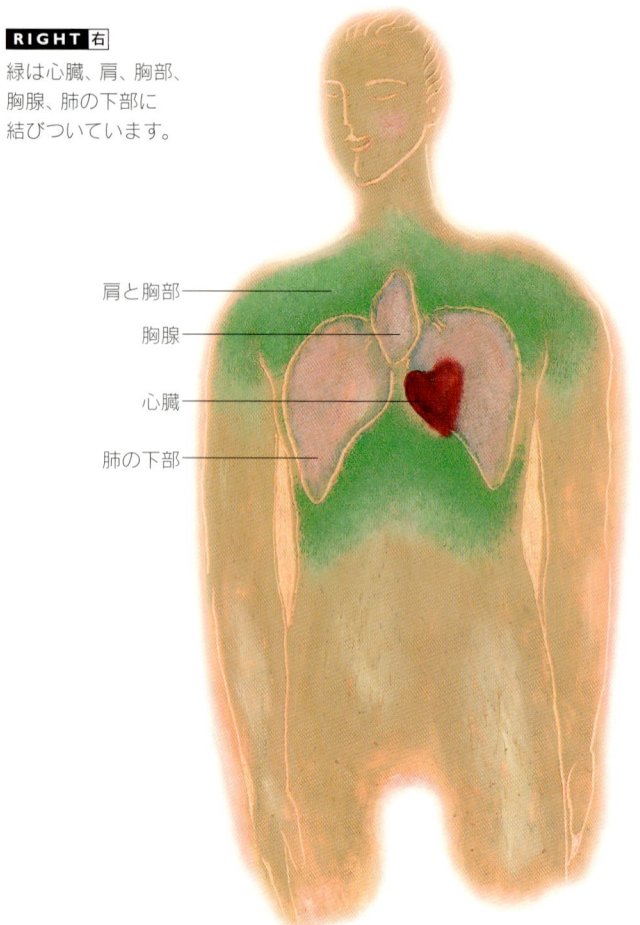

― 肩と胸部
― 胸腺
― 心臓
― 肺の下部

緑の個性と、その対極
バランス―不安定
緑のポジティブなキーワード
❖ 賢明　❖ 良識
❖ 効果的　❖ 情け深い
❖ 高潔　❖ 有能
緑のネガティブなキーワード
❖ 疑り深い　❖ 怒りっぽい
❖ 無頓着　❖ 貪欲
❖ 平凡　❖ 当てにならない
❖ 期待はずれ

RIGHT 右
緑の植物はあらゆる部屋にバランスと調和をもたらしてくれます。

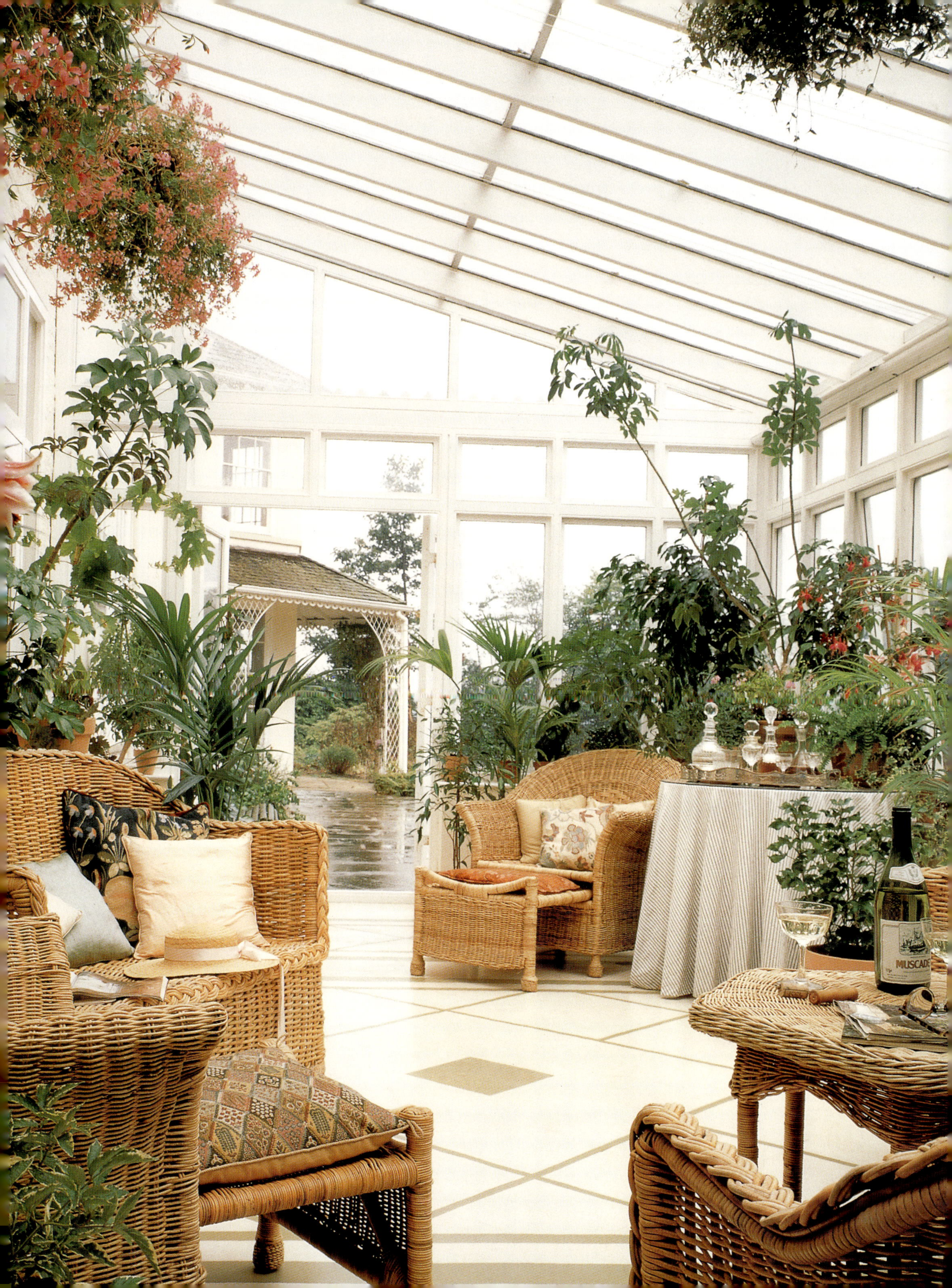

ターコイズ

あらゆることやあらゆる人ではなく、自分自身だけに集中するという個性をもつのがターコイズです。この色の個性は非常に穏やかでバランスが取れていますが、冷静な外見の内側では炎が燃えています。ターコイズの人は適切なことよりも自分が感じたままを話します。洞察力が非常に優れているため、すばらしい鑑識眼をもっています。アンティークを愛し、掘り出し物を見つけるのが上手です。経済的に独立しており、その気になれば極めて野心的です。

ターコイズのタイプはパートナー選びに迷いがちで、同時にふたりと関係を持つこともあります。ターコイズは分かち合うことを好み、仕事や遊びやつき合いにおいて、うまくやろうと常に奮闘する、非常に人間的な色です。ターコイズの人の人生における基本的な動機づけは人間関係で、このタイプの人は最高の友となります。家庭生活を大切にし、ひとりでいることを嫌います。ターコイズのゴールはパートナーと一緒にいることなのです。動物とも親密な結びつきをもちます。

ティント

淡いターコイズの人は人生に楽しみを求めます。ロマンチックになる傾向があり、ただひとりの伴侶——一生をかけた愛——と一緒になることに異常なほど集中します。その相手となら理想郷を築けると信じているのです。ロマンスと愛を追い求めるためには何ものにも邪魔をさせないため、結果として仕事面にしわ寄せがきます。しかし魅力あふれた、陽気な恋人になります。淡いターコイズの人にとって、恋人は精神的な事項を大切にする人であると同時に、官能的でないといけません。

シェード

暗いターコイズのタイプには、クールで近寄りがたい雰囲気がありますが、話をしてみると自慢屋で当てにならない人だということがわかるかもしれません。感情の管理能力には秀でています。思い違いをし、永遠に現れない完ぺきなパートナーを待って時間をむだにしがちです。生まれつきのナルシストですが、欲望の対象に去られるとおちおれ、くじけてしまいます。

RIGHT 右
ターコイズは喉と胸部に結びついており、神経系をなだめることに優れています。

皮膚の状態
喉と胸部
神経系

ターコイズを用いた心のヒーリング

ヒーラーとしては作用するまでに時間がかかりますが、継続して用いれば最終的にはしっかりと効き目が現れます。ターコイズは特に感情や心の痛みに有効で、心の中の事柄をきちんと整理する助けになります。ターコイズはまた内省を促し、混乱から解放する手助けをしてくれます。ターコイズ

ターコイズの個性と、その対極
社交的－内気
ターコイズのポジティブなキーワード
❖ 冷静　❖ 内省的
❖ 経済的に独立　❖ 沈着
ターコイズのネガティブなキーワード
❖ 無口　❖ 優柔不断　❖ 自慢屋
❖ 当てにならない　❖ 見かけ倒し
❖ ナルシスト

ABOVE 上
ターコイズ色の石を持っていると、その色の静けさによって心の奥深くに平和が訪れます。

は、相手のことではなく自分のことを第一に考えさせてくれる唯一の色です。孤独で人から愛されないと感じる人にとって完ぺきな慰めとなります。もつれた恋愛関係が原因で神経衰弱に苦しんでいる人にとっても優れた支えとなります。ターコイズは自己破壊に打ち勝つのに役立ち、落ち込んでいる人に自信を取り戻させることができます。

ターコイズを用いた身体のヒーリング

人体の場合、ターコイズは喉と胸部に結びついています。神経系を慰め癒す強い力があります。軽い発疹、虫さされ、その他の皮膚病に有効で、微熱や軽い感染症にも効き目があります。ターコイズは、特に火傷あとの新しい細胞の成長を

ABOVE 上
身体面では、ターコイズは
優れた若返り薬です。
精神面では、安らぎを与えてくれ、
少しずつ自信をつけてくれます。

助けますが、まずは医師の診断を受けてください。傷をターコイズにさらすと、傷の治りが早くなります。神経痛や、歯と顎に関係するすべての病気にもターコイズは有効です。

また、重力の法則によって避けられないたるみなど、加齢による身体の変化にも有効です。ターコイズは、頼もしい若返り薬なのです。

青

青の性質を備えた人は、「深い川は静かに流れる」という格言を体現します。青は高次の知性、つまり「真理の霊」の色です。喉は青の領域です。青の性質と結びついた人々の場合、知性と感情は喉を通じて伝えられます。彼らは物事を深く考える人々で、熟慮せずにいきなり何かに飛びつくことはありません。

青の人には穏やかな精神が備わっていますが、その平穏は目的と結びついています。つまり分析的で静かに考えるタイプなのです。高潔、名誉、誠実は、青の特性です。威風堂々としていますが、他人の注目を集めようとはしません。創作力に富み、詩や哲学、文筆活動に興味を持ち、これらを職業にする人も多くいます。

青のバリエーション

スカイブルー　愛情の深さは並はずれており、「無償の愛」を体現します。危機的状況にあっても平静を保ち、すべての障害を克服することができます。空模様と同じく移り気ではありますが、このタイプの人に内在する不変性によって、自身の完全な内なる現実に必ず引き戻されます。

アザーブルー（紺碧）　濃い空色の人は活力にあふれています。待機期間は終わったのです。これまでは苦悶の日々だったかもしれませんが、遂に自分自身にふさわしい物事に自由に着手する時が来ました。到底手の届かない高い精神的な目標を追求するのが特徴的です。アザーブルーの影響下で、自分が必要としているものを見つけ、それを手に入れて最大限に活用しようと全力を挙げています。

ティント

淡い青色の人は霊感を受けています。不変の信念と無垢な純粋さをもっており、精神の成熟を追い求める典型的なタイプです。常に上を目指して目的達成に努力し、その内面では野心の火が燃えています。素晴らしい精神的なヒーラーの素質があります。しかし、多くの仕事に手を出しすぎて大した成果を上げられないこともあり、チャンスを逃してしまう傾向も見られます。

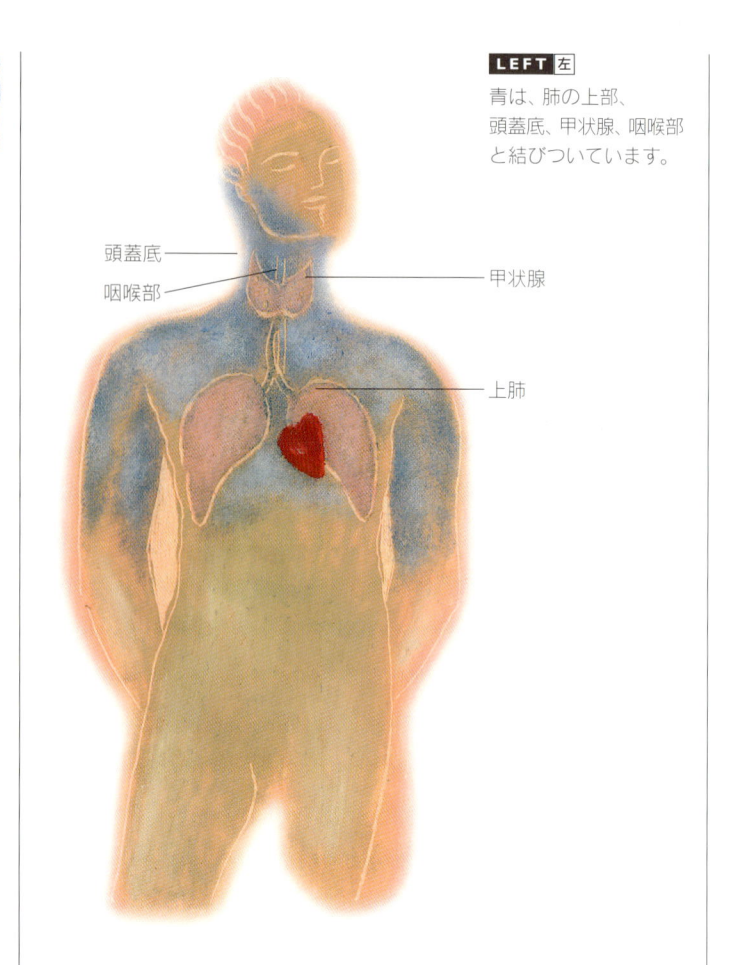

LEFT 左
青は、肺の上部、頭蓋底、甲状腺、咽喉部と結びついています。

頭蓋底 — 甲状腺
咽喉部 — 上肺

シェード

ダークブルーの人には、いい意味でも悪い意味でも一途さが見られます。このシェードの中の黒は制限と無慈悲を意味し、情け容赦ない処罰を行う傾向を生み出します。自分の運命を不満に感じていることが多く、かなり陰気な性質をもっている場合があります。青には直感力がありますが、ダークブルーにおいては、それがペテン師の要素となります。このタイプの人には誠実さが認められません。ごまかしの達人です。人を操るのが非常に巧みなので、ごまかされたことすら気づかない人もいるかもしれません。争いごとが嫌いなタイプですが、その原因を作ることはよくあります。

青を用いた心のヒーリング

平和的な青は安らぎをもたらします。気持ちを静め、穏やかにしてくれるのです。自分の過去を振り返るのに役立ち、自分の家族の

青の個性と、その対極
賢明——愚鈍
青のポジティブなキーワード
❖ 落ち着き　❖ 神聖　❖ 平穏
❖ 思慮深さ　❖ 誠実
青のネガティブなキーワード
❖ 虚弱　❖ 意地悪
❖ 情緒不安定
❖ 冷淡　❖ 不誠実
❖ 残酷

アイデンティティを特徴づける儀式を思い出させてくれます。青は前進することへの恐れと闘います。この恐れの表われとして出てくる場合の多い頑固さに、青は効き目があります。

青は、話し言葉の力を学ぶ必要のある人々の助けになります。他人を助けることはあまりないのですが、青の人自身を助けます。あなた自身が求めなければ何事も得られないということを教えてくれます。

青を用いた身体のヒーリング

青と結びついている腺は、甲状腺と副甲状腺です。青はまた、咽喉部や肺の上部、腕、頭蓋底ともつながっています。

心理学的には、咽喉部の感染は、自分の気持ちをはっきりと口に出していないことの表れと言われますが、そのような場合に青が有効です。

青は子どもの疾患の治療に役立ちます。例えば歯が生える際の諸症状や耳や喉の疾患、言語や発音障害などの治療に有効です。また、年齢に関係なく失禁の防止にも役立ちます。

病室は青い光で満たしましょう。気持ちが静まり、穏やかになります。末期患者には特に効果的で、熱を下げ炎症を鎮めてくれます。青は緊張を和らげ、不安を軽減してくれます。

ABOVE 上
アズライト（藍銅鉱）の青は目標を高く掲げ、自らを束縛から解放しています。

LEFT 左
栄誉の青は、精神の自由を生み出します。

藍

藍の性質を備えた人は、力がみなぎっていて強靭で、真理に徹します。藍の人にとって、物事はすべてか無。その中間が一切ありません。純粋な思想家であり、敬虔さは第二の天性です。彼らは目に見えるものの向こう側を見抜き、その隠れた奥深さを推し量ります。精神の統御力を追求し、科学と宗教の調和をはかる非凡な才能をもっています。

藍の人は、種類を問わず儀式が大好きです。しかし、儀式は目的のための準備にすぎないということを覚えておく必要があります。当初の意図が何だったのか、心に留めておくのが賢明でしょう。なぜなら藍の人は準備の方に没頭してしまい、準備は目的への道を思い出させるためのものであることを忘れがちだからです。

霊感を受けた牧師や、才能にあふれた作家や俳優は、彼らの藍の側面をうまく利用しています。藍の個性は、芝居気があり人を酔わせることができるので、性的なレベルで言えば、女たらしや妖婦となる可能性があります。

LEFT 左
藍は骨格、下位脳、目、下垂体と結びついています。

下位脳と下垂体
目
骨格
背骨

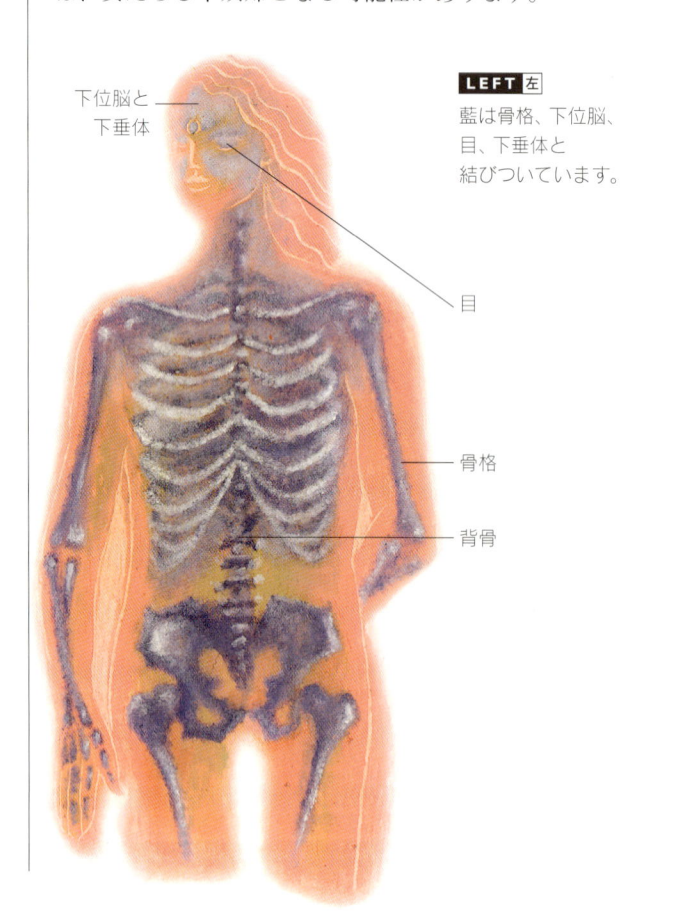

ABOVE 上
エロール・フリン。俳優という仕事は、彼のおどけた性質を表現する場でした。

藍の人にとっては、構造がすべてです。ですからこのタイプの人は、形式や方向性の欠如や、焦点が定まっていない人生の領域に恐怖を感じます。藍の人は、その内面的ビジョンによって、物質界の幻想を通して物を見ますが、それでは結果的に宇宙の迷子になってしまいます。自分自身をしっかりつなぎとめておくために、藍の人は、昔ながらの方法を活かしたり継続したりして、たわみや逸脱が一切考えられない構造を作り上げるでしょう。正義と平和の強力な推進者であり、弁護士はこの色と結びついています。

ネガティブな面では、頑固で狂信的という特徴があります。人間や主義や理想を妄信することが、藍の人の欠点です。悪癖はすべて藍のこのネガティブな側面と結びついており、人生の構造が欠如していることが原因です。

ティントとシェード

藍という色の深みには、ティントとシェードがありません。

藍を用いた
心のヒーリング

再思考を押し進めねばならない時は、「理解」の色である藍を使いましょう。藍には、いつ変化を起こし、いつ固定するかという感覚が備わっています。したがって藍は、あらゆる段階で必要なものを寄せ集め、別の場所へ出発するための旅支度を整えてくれます。藍はあなたに神秘と精神の次元へ旅立つ準備をしてくれる、精神開放の色なのです。現在感じている不満の向こう側に目を向け、トラブルの構造的原因にたどりつける色です。また藍は辛い記憶を抱えた人を優しく癒してくれます。洗い清めることに長け、ある感情に縛られ、溺れている人の中毒症状をきれいに洗い流してくれます。藍は、感情がひどく傷つけられた人が生きる目的を取り戻す助けになります。暗い藍色の海の中に潜む、隠れた恐怖を明らかにしてくれます。

藍を用いた
身体のヒーリング

藍は、骨格、特に背骨と結びついています。この色と結びついている内分泌腺は下垂体です。下垂体は、全身の多く

藍の個性と対極
信心深さ——不誠実

藍のポジティブなキーワード
❖ 識別力　❖ 組織的
❖ 順応性　❖ 粘り強さ
❖ 浄化　　❖ 従順
❖ 遵奉

藍のネガティブなキーワード
❖ 中毒　❖ 権威主義　❖ 独裁的
❖ 堅苦しさ　❖ 強迫的　❖ ペテン師

の機能を司るホルモンを作り出し、内分泌系においてもっとも複雑な器官です。藍はまた、下位脳、目、副鼻腔とも結びついています。

藍はスペクトルの中で最も強力な鎮痛剤です。性質を変化させ、精製する能力があるので、バクテリアを取り除き、汚染された空気や水、食物を浄化します。高血圧の治療の助けになるほか、甲状腺機能亢進の治療に特に効果的です。藍に反応する症状はほかにもたくさんあります。腰痛、坐骨神経痛、偏頭痛、湿疹、各種の炎症、胸や肺のトラブル、気管支炎、ぜんそくなどにも効果があります。

藍はまた、急性の副鼻腔の疾患にもよく効きます。このような症状は、心理学的には、子供時代に声を上げずに泣いていたことと関係していることが多いものです。藍は不眠症の解消に最適な色で、下痢を抑えるのにも役立ちます。そして腎臓のいかなる症状でも和らげ、腫れや腫瘍、しこりはどんな種類のものでも消し去ることができます。薬物やアルコールなど、様々な種類の中毒症状に悩まされている人に最適のヒーリングカラーでもあります。

LEFT 左
藍は別の領域への入り口です。
新しい世界へ入る
手助けをしてくれます。

黒

黒は、高次の哲学的思考や観念と結びついています。新しい思想は黒から生まれます。虹の全色は黒の中に見つかりますから、黒は隠れた色の神秘を内包しているのです。この色の個性を解放すれば、ひとりひとりの隠れた才能が表に出てきます。

私たちはみな内面に明るい面と暗い面を持っています。黒い面は必ずしもマイナスではありません。なぜならプラス面では、黒は神秘性や洞察力を象徴するからです。ちょうど冬の黒が、やがて訪れる春のための種を内包しているように、黒の性質を備えた人々の中には、休眠中か埋もれている何かが存在しているのです。黒の中心にあるのは試練ですが、試練はそのあとに自由と解放をもたらします。真の援助の手を差し伸べ、光ある場所へと働きかけてくれる人やものは、黒の力を活用しています。黒のプラス面は、すべての新しい生命が誕生する黒い土に象徴されます。

しかし、黒の反対の面が選び取られた場合、意志と力の最悪の面、すなわち粗暴な態度、裏切り、人をだまそうとする性向が出現します。黒のマイナス面と結びついた人々は、すべて物事には終わりがあり、楽しみに待つべきことは何もないと信じていて、これから起こることを恐れます。ですから、恐怖心を静めるために統制しようとすることがあります。黒のタイプの人が統制し続ける方法のひとつは、他者に情報を与えないことです。黒の性質には弱さはまったく含まれていません。極端な制限にもよく耐え、どこまでも純粋な状態に到達しようと、自分自身を叱咤激励すらするでしょう。

ティントとシェード

黒の色の深みには、ティントとシェードがありません。

黒を用いた心のヒーリング

どんな色も「良い色」または「悪い色」と分類することはできません。黒のマイナス面でさえ、プラスに用いることができます。道を示してくれるのです。私たちには、最新で新鮮で、革新的なものを生活に取り入れるために、習慣となった古いものを破壊する必要が出てくることがあります。夜の黒は、日々の生存競争からの休息を約束してくれます。私たちは黒の中に引きこもって休み、光で再び目覚めるのです。黒は、心配事が解決されるまで待機する必要がある人々に最適です。「停止」の時期をもたらしてくれます。新たな選択肢を探る余地を与えてくれるので、あらゆる種類の中毒を治療するのに特に有効です。しかし黒は、少量でも大きな威力があることを覚えておきましょう。黒の使いすぎは、前進どころか後退を招くことになります。

常に黒いものを身につける習慣のある人は、自分の人生に何かが欠けていると訴えているのかもしれません。うつ状態は黒の人にとって最大の試練です。なぜなら黒の人は、うつ

LEFT 左
黒のプラス面は、内面の奥深くにある神秘を探し求める人に備わっています。

黒　**45**

LEFT 左
古代英語には、
カラスの羽の独特の光沢を表わす
"wann"という言葉がありました。

状態に立ち向かうことができず、母親の子宮のように、彼らだけのまったく安全な隠れ場所として、黒の中にとどまってしまいます。黒の人は日常生活に、できるだけ早く他の色を取り入れましょう。

黒を用いた
身体のヒーリング

　黒と特に結びついている身体の部分はありませんが、エックス線写真や、病気の前兆としてオーラに黒が現れることがあります。

　オーラに現れたり、診断の際にこの色を選んだりと黒が常に現れるなら、その人の肉体的習慣をじっくり調べることが必要です。悪習、たとえば睡眠遮断のもととなる夜更かしは、身体的な病を引き起こします。正しい行動を促すには、規律正しさを促す藍を少し取り入れましょう。黒は、混沌とした状態に秩序を、不完全なものに完全をもたらします。

また、活動的すぎる人や、多動な状態の人すべてに黒は有効です。落ち着きが戻るまで、週に3日黒い服を着ることです。

黒の個性と、その対極
約束——虚無
黒のポジティブなキーワード
❖力を正しく使う　❖芸術的
❖理想家　❖目に見えない財産
黒のネガティブなキーワード
❖力の使い方を誤る
❖困難　❖高慢
❖絶望　❖束縛

RIGHT 右
黒曜石の黒は、
高次の哲学的思考を表す
洞察力の色です。

グレー

グレーは黒と白を結ぶ架け橋で、無邪気と無知とが出会うポイントです。よい方に解釈すれば、グレーの性質を備えた人は楽観的で、最高の状況がそのうちやって来るということを知っています。しかし、悪く言えば、欲しいものは今日は手に入らないけれど、明日は手に入ると信じているということです。残念ながら、「明日」がやってくることはありません。グレーの性質を備えた人は常に現状から脱しようと必死になっています。自分は決して一番になることはない、一番になるのはいつだって他人だと感じています。また、自分自身が明確でないことを恐れるタイプです。

「グレー」と言う言葉は、ぼんやりしていることを意味する傾向がありますが、グレーの人の頑固さは岩のようであり、調和のとれた安定性を得ようと絶えず懸命に努力しています。このタイプの人は、思いつきで、ある計画に飛び込んだり、誤った状況に身を委ねることは決してないでしょう。いつでも救いの手を差し伸べる用意があり、誰もやりたがらない仕事をするのも、このタイプです。ひっそりと堅実な生活を送ることを好むために、心の余裕をもつことができるのです。

ティント

ライトグレーのティントの人は、人を助け、援助の手を差しのべます。あらゆる苦難を乗り越え、逆境にあっても自分の幸せな点を数え上げることができる人です。白の量が多いため、ライトグレーの人はグレーの中でもより高い振動を体現します。自分を環境に適合させ、前進させてくれる光を求めています。大きな心の平和と安定はこのティントの特徴ですが、自分が環境になじんでいないように感じることもあります。ライトグレーは旅の始まりや終わりを暗示します。

シェード

ダークグレーの個性は、型にはまりすぎていて狭量なことです。このシェードすなわち陰は、苦しみと貧困の陰、すなわち恥辱と屈辱の陰です。ひどく痛めつけられた心はダークグレーに結びついていて、漠然とした不安から常に逃れようとしています。

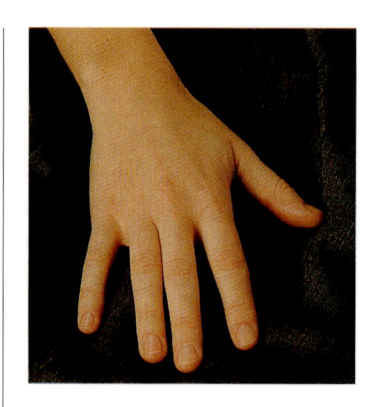

LEFT 左
ダークグレーの布は非常に狭い心の象徴で、非難や拘束さえ生み出します。

RIGHT 右
マザー・テレサは、ダークグレーの厳格さに威厳を持って耐え、それをライトグレーの深い思いやりに変換しました。

逃げ道のない罠にかかってしまったと感じているのです。憂うつな気分に襲われることがよくあり、老齢ともろさは絶えずダークグレーの人の心の奥にあります。このタイプの人は、自分が関わったところに必ず汚点を残そうとしますが、その行動は狂気というよりも奇怪です。

グレーを用いた心のヒーリング

グレーは神経症の徴候が現れている人を安定させるための色です。人がつながれた鎖から逃げ出す手助けをすることができます。ライトグレーは正気を取り戻させるものであり、ペテンを遮断します。あまりに向こう見ずで無責任な人の頭を冷やすのに有効です。死や死にゆくことへの恐怖が頭から離れない状態が、衰弱の色であるグレーで示されることがあります。これはその人の内なる光がほの暗くなっており、不定愁訴として表れているのです。

グレーを用いた身体のヒーリング

グレーと特に結びついた身体の部分はありませんが、グレーが現れるときは衰弱を表しています。問題が起ころうとしていることを暗示する色なのです。今にも兆候が現れそうな症状、疾病を事前に警告してくれる唯一の色です。身体が緊急に注意を必要としている状態にあるかどうか、また健康管理の見直しに使われるべき色です。グレーは、隠れた部分を見せてくれるエックス線と考えましょう。この色は癒してくれるものというより主として道具として使われます。肌や爪の色がグレーのティントを帯びているときは、身体のどこかにうっ血があることを示しています。特に副鼻腔、胸部、胃腸の粘液に粘り気が強いときは、オレンジ色を使って改善しましょう。

グレーの個性と、その対極
肯定的――否定的

グレーのポジティブなキーワード
- 精通している
- 健全な心
- 本物
- 評判
- 質実剛健
- 鎮静
- 霊や幻影の観察者

グレーのネガティブなキーワード
- 極貧
- 病気
- 意気消沈
- あらさがし
- みじめさ
- 憂うつ
- 落ち着きがない
- 縁がない

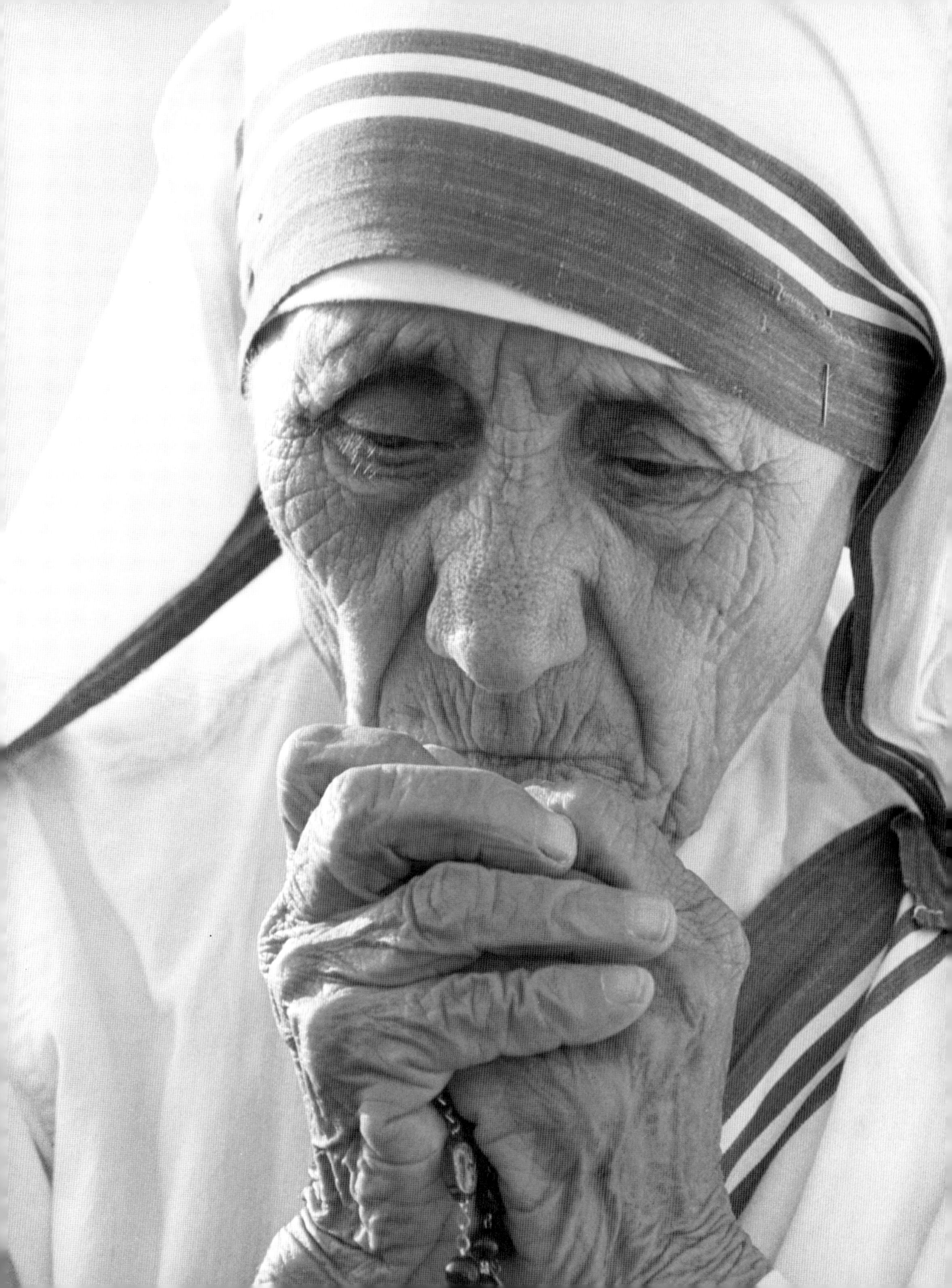

銀

銀の性質は「静かな流れは底が深い（賢者は黙して語らず）」という言葉に要約することができます。銀の人はいつも精神の調和を切望しています。銀は無限の知性です。判断が素早く、洞察力があり、偏見をもたず、他人の独自の考えをも認め、彼らを変えようとしないのが特徴です。銀の人の場合、ぼんやり突っ立っていることは、まずあり得ません。このタイプの人は、月の満ち欠けのように絶えず変化しています。銀の人の人生は常に流動的です。海とその潮の満ち干を愛します。幻想を生み出す職業は、すべて銀の影響下にあります。もちろんマイナス面もあります。「〜の振りをする」という銀の性質は、実体の伴わない幻想の上に築かれた関係の中に現れます。「銀幕」のスターに恋してしまう人々は明らかにこの特徴を見せています。

銀には水銀の気質、つまり移り気なところがあり、当てにならない、ずるい性格になる場合があります。またつかみ所がなく、社会や仕事に対する姿勢が非常に変わっていることもあります。銀のマイナス面の最たるものは、物事の要点をつかむのが苦手なところです。優柔不断は銀のもうひとつのマイナス面です。精神分裂病には銀のネガティブな面が作用しています。鏡のように映し出す力が強いのも銀の特徴で、周囲の人々に真実を映し出します。

銀は忍耐の資質を持っています。たとえ視界から消えても銀の性質が心という場所から消え去ることはありません。むしろ、あなたの人生という軌道の上で明るい輝きを取り戻すでしょう。生来個性的な銀の性質を備えた人は、スターの資質と生まれつきの肉体的魅力が備わっているため、確かに派手好みではあるものの、常に華やかに見えます。空想するが大好きで、そばにいると楽しい人です。銀の人のおしゃべりはあなたを夢中にさせるでしょう。また、巧みに逃げをうつような、とらえ所のなさがあります。それは、明日はこの場所にもういないかもしれない、という自分の性質への深い理解から生じた衝動性という表向きの人格です。

ティントとシェード

光沢がある銀には、ティントとシェードはありません。

LEFT 左
満月の表面のような輝きを放つ銀の指輪は、自然の規則正しいサイクルを促してくれます。

RIGHT 右
派手さや肉体的魅力も銀の個性です。

銀を用いた心のヒーリング

目に見えない銀のひもが、私たちと魂の世界とを結びつけていると言われます。死ぬときはそのひもが切れ、私たちは別世界へと旅立ちます。魂は瞑想しながら、無限の空間を一目見るために、銀のひもを伝って旅をすることができるのです。銀は映し出し、照らし出します。

銀は素晴らしくナチュラルな精神安定剤です。感情を鎮め、心の平静を取り戻させてくれます。消極性を吸収し、人を束縛から解放することができます。銀は、私たちの過去の過ちを、歪曲したり言い訳したり偏見を加えたりすることなく映し出します。鏡は決してうそをつかないのです。銀は問題を浮かび上がらせ、見透かし、たどる道を明るく照らしてくれます。そして、直面しなければならないものを見抜き、解明します。ミスは最良の教師です。人が幻想に支配されるがゆえに実在しない世界に生きていることを銀は明らかにし、ゆがみを映し出してくれるため、私たちは過ちを正すことができます。

銀の個性と、その対極
増加——減少

銀のポジティブなキーワード
❖明示 ❖熟考
❖偏見がない ❖鋭敏
❖よどみがない ❖反映

銀のネガティブなキーワード
❖欺瞞 ❖支離滅裂
❖つかみ所がない
❖まがいもの ❖精神分裂症

銀を用いた身体のヒーリング

銀と特に結びついた身体の部位はありませんが、男性でも女性でも、身体の女性的な部位は銀で表わされます。

銀はホルモンを落ち着かせるのと同様に神経を鎮め、流動的で調和の取れた意識の状態をもたらします。心の均衡を回復するために、月の光を浴びましょう。銀は全身を落ち着かせ、心と体の機能をスムーズに働かせます。

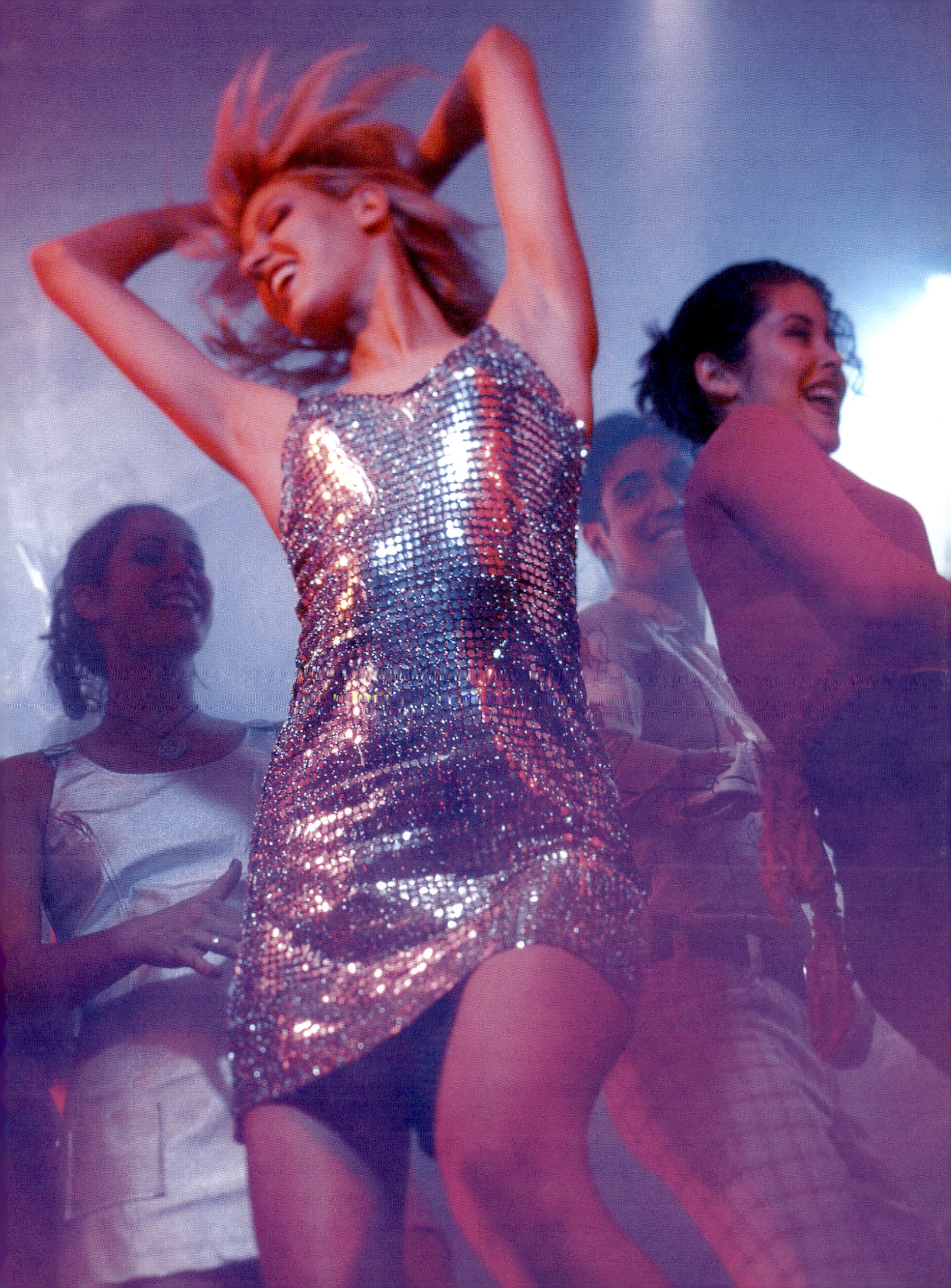

紫

紫は、王室の行事を行っている人々に象徴されます。自らの領域では、紫の人は支配者です。卓越した精神性もまた紫のもとにあります。完全無欠を目指して努力する人は、みな紫の影響を受けて、そうしているのです。また、紫には予言者も含まれます。彼らは最も高度な思想をもち、肉体の感覚器官を使わずに見聞きします。紫の影響下にあるこれらの人々は、日頃から心霊的な感覚を用いています。

紫の人は優秀な教師であり、学生は「事実と数字を学ぶだけでは不十分」だということをよく知っています。聖職者、才能に恵まれた詩人、作家、画家、音楽家など、要するに、どんな創造的な分野でもそれに精通している人は、誰もがこの色と結びついています。紫の人は、賢明で謙虚な人道主義者です。その優しさは弱さと取り違えられることが決してありません。紫の人の特色は力のともなう優しさです。一般に、優しさと力を合体させることは決してたやすいことではありません。概して社交的ではありませんが、明るい魅力にあふれています。このタイプの人は、雇われる立場に満足しないので、自営業者になる確立が高いでしょう。紫のポジティブな面は、あなたのリーダー的資質を引き出すのに役立ちます。

紫を体現する人は、リーダーとして生きていくには代価を払わねばならないということを理解するでしょう。しかし決して受難者ぶらず、他人のために自分を犠牲にすることができる人です。謙虚さは紫の人の成功のカギとなる要素です。

紫のバリエーション

すみれ色 これは霊に関わる人の色です。紫の特質を多くもっていますが、紫の影響力はさほど強くありません。すみれ色の人々は、知力よりもむしろ直感で動きます。未来を見通すことができたり、神から霊感を受けているように見えるのは、このタイプの人がすみれ色の輝きに触れているからです。たいへんな理想家で、崇拝することが好きです。ライフワークの面では際だっていますが、暮らし向きの悪化にうまく適応できません。すみれ色は退行催眠に使うのに大変適した色です。

ABOVE 上
アメシストは
凍り付いた紫色。
保護と美徳の色です。

アメシスト この色のタイプは霊感のパワーと深く接触しています。アメシストはクリムスンと青を兼ね備えています。したがって、理想主義がアメシストのカギです。クリムスンの要素で土に触れ、同時に青の要素で高揚します。アメシストの人は、小さな子供、病人や虚弱な人、動物といった、自分自身で身を守ることのできないか弱い存在を保護する役割を担います。修道士や伝道師はこの色と結びついています。アメシストの振動によって、このタイプの人

LEFT 左
紫は伝統行事で必ず
使われる色です。

RIGHT 右
ラベンダーの色は、見た目ほど
弱々しくありません。心の奥深くを
探査し、ネガティブな要素を
愛と美に変化させます。

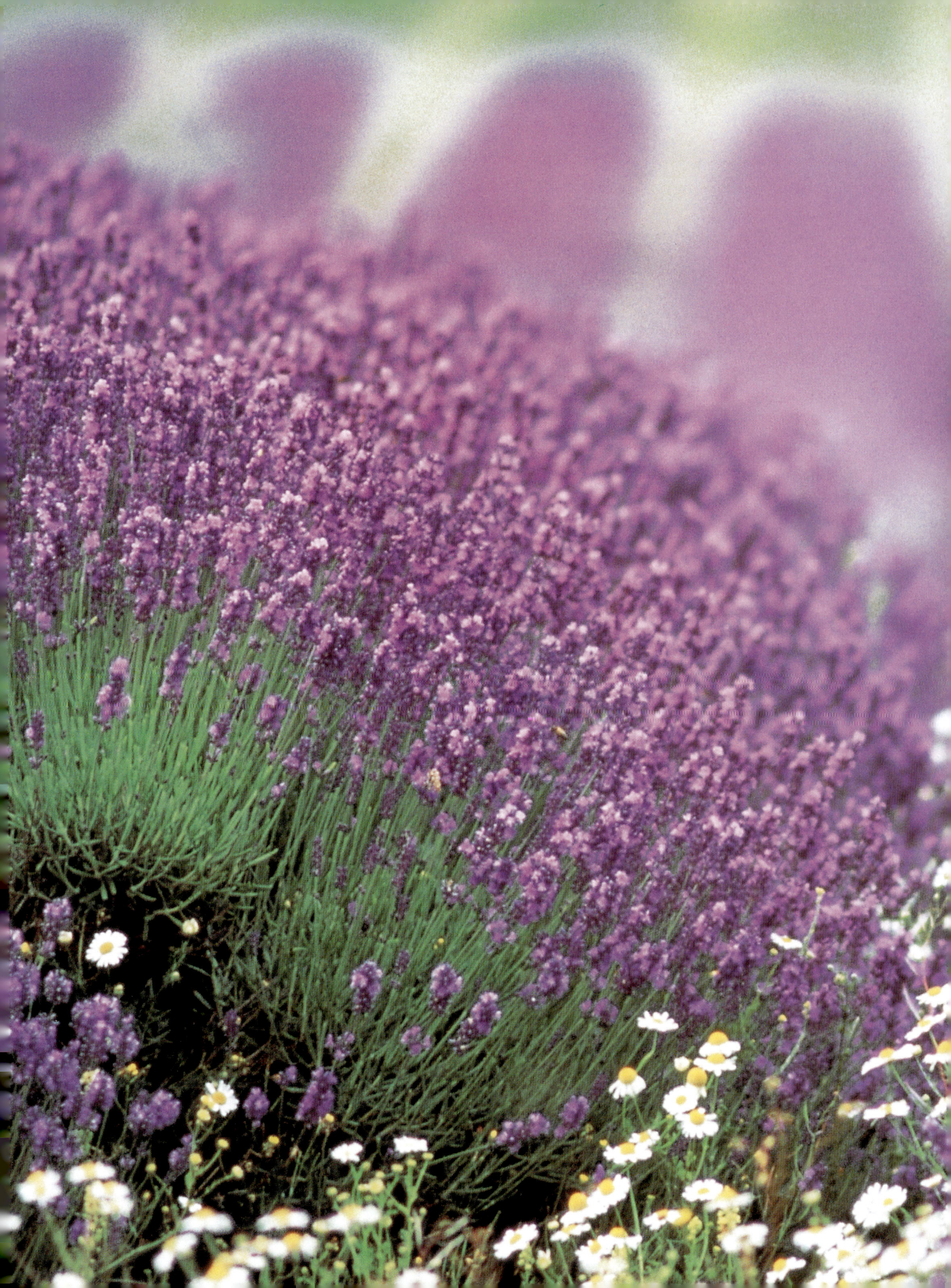

は、人間を導き救うために未知の領域に送り出されるのです。アメシストから力を受けた人は研究され尽くした論理を越え、誠実な人とそうでない人を、いとも簡単に判別します。

プラム　この色は紫と濃厚な金色を含んでいます。プラムに結びついた人は成功者です。達成や獲得のための努力を経験することがありません。なぜならすでに達成しているからです。自分の境遇を知り、その知識を最大限に利用している、特権階級の威厳をもっています。子供が決して忘れない優秀な学校教師は、プラムの人かもしれません。しかし、プラムの人は、自分の名声に酔ったり、間違ったプライドを増幅させたり、聖人ぶった態度をとらないように、用心しなければなりません。

紫の個性と、その対極
心の平静――悪意
紫のポジティブなキーワード
❖ リーダーシップ　❖ 利他主義的 ❖ 威厳　❖ 人間味　❖ 芸術的 ❖ 無限　❖ 精神的指導者
紫のネガティブなキーワード
❖ 無慈悲　❖ 傲慢 ❖ 自己の過大評価　❖ 卑しさ ❖ 紳士気取り　❖ 誇大妄想狂

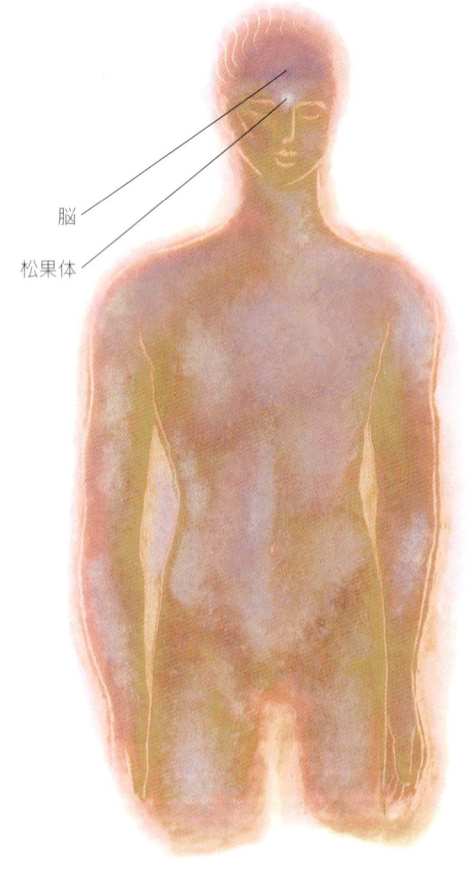

RIGHT 右
紫は、脳、頭頂部、頭皮、松果体と結びついています。

脳
松果体

ライラック　この色の人が、自己評価を忘れることは、ほとんどありません。しかし自己評価がうぬぼれに変わることがあります。評価が高すぎるか、低すぎるかどちらかなのです。鏡をのぞく行為には何の問題もありませんが、鏡の前を通るたびに見るとなると話は別です。ライラックの人は肉体的魅力やロマンスや魔法を愛します。ライラックはまた、失われた子供時代を明らかにしてくれます。大人になるのが早すぎたのです。ライラックの人は、未成熟の段階や青臭さを見せることもありますが、同時に強いヒーリングパワーを備えている可能性もあります。

ティント

　ラベンダーという薄紫のティントは、そもそも繊細で感受性の強い傾向があり、ラベンダーの性質を備えた人は、とらえ所のない印象があります。そのとらえ所のなさが、ラベンダーのもうひとつの特徴を覆い隠すかもしれません。その特徴とは「鉄の蝶」。外見は繊細でも中身は強靱なのです。ライトラベンダーの人は美しいものを愛します。精巧で美しい磁器の収集家はラベンダーの影響を受けています。明るい気質で、人生を陽気に楽しみますが、自分や他人の運命に対して深い理解をもち合わせています。ラベンダーは精神的な仕事への最高の献身の形を示します。この色の性質を備えた人は、心霊のリーディングを行ったり過去に関係するどんなものとでも交信したりと、超人的な能力をもち合わせています。

シェード

　ダークパープルの人々は、好戦的で不誠実な場合があります。紫のマイナス面は、ダークパープルに含まれる黒により強められます。黒は、ダークパープルがその力を使う場所を間違っていても、そのままにしておきます。横柄で傲慢なダークパープルは、権力を追い求める無慈悲な人物になることがあり、壮大な妄想を抱くかもしれません。そして自分が独断に凝り固まり、人類の現実を犠牲にした上での理想にひたむきになっていることに気づくかもしれません。恋愛についていえば、彼らは愛よりも地位のために結婚する傾向があります。

　誤った神秘論者もここで見受けられます。実行不可能な理想に入れ込み、洗脳という技術の上に築かれたカルトは、紫のマイナス面を利用しています。

注　意

紫は控えめに使いましょう。重い色なので、長く紫にさらされていると憂うつになったり、自殺傾向が現れることがあります。紫の負担がかかりすぎている場合は、金色に体をさらすと効果があります。金色のライト、インテリア、衣服などが有効です。

紫は子どもにお勧めできませんが、もし子供に用いるなら、ごく短時間に留めます。

紫の光を顔に直接当ててはいけません。後頭部だけにします。

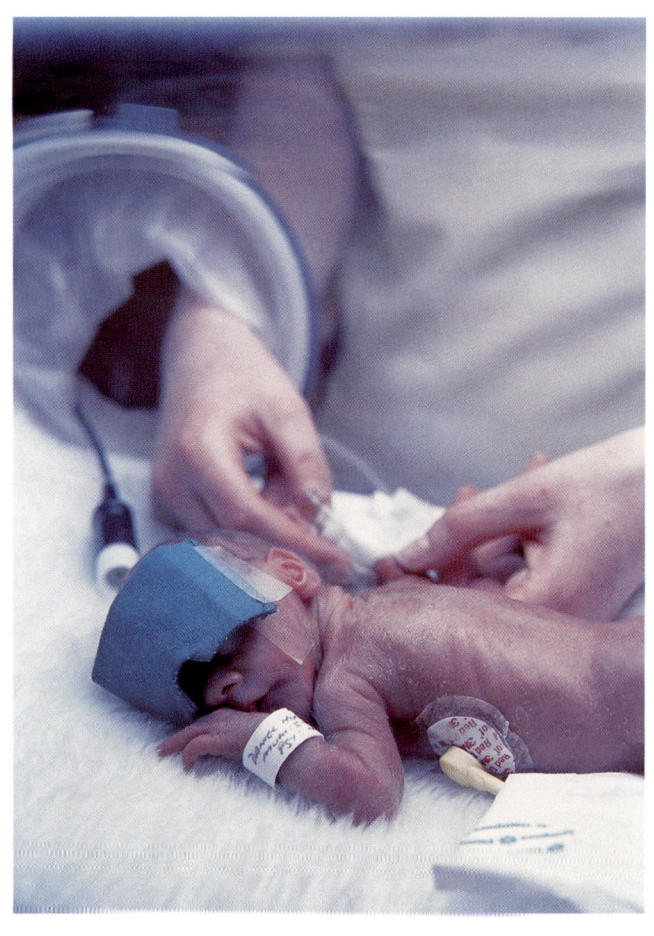

紫を用いた心のヒーリング

紫は、赤と青で作られており、赤の示す身体と青の示す精神の性質が理想的に結合しています。紫は意識のより高い段階への架け橋であり、無限の空間への踏み台です。この色はあらゆる精神疾患の症状を和らげます。すみれ色は、あなたのインナーチャイルド、もしくは前世からのインナーチャイルドを認めるための、退行催眠に役立ちます。ラベンダーは、自分の治癒力を徹底的に調べることを願う人にとって大いに役立ってくれる色です。また、感情の過剰な乱れを癒す絶大な効果があります。

紫を用いた身体のヒーリング

身体では、頭頂部、脳、頭皮、松果体を象徴しています。

上のような注意を踏まえれば、紫はたいへん役立つ色です。紫という色は、松果体の働きを活発にし、意識性を高めるのに使うこともできます。心筋を含むすべての筋肉の緊張をほぐすので、心悸亢進の症状緩和に有効です。紫は、体内の炎症や免疫システムの障害、神経のいらつき、激しい頭痛の治療に役立ちます。紫は頭部に関係した問題の対処にきわめて有効な色で、頭皮のトラブル、帯状疱疹、脳しんとうなど、脳に関連するあらゆる症状に効果をもたらします。紫はまた、過剰に機能している腎臓の働きを抑えるのに適した色でもあります。生理痛を和らげ、圧力と痛みへの過敏さを取り除きます。また、出血量を減らす効果もあります。

すみれ色は、胎児とつながりがあるため、不妊治療にも役立ちます。また、神経痛や神経の激しい炎症から来る痛みの治療にも有効で、目のトラブルにも効果的です。

ライラックには強いヒーリングパワーがあり、免疫システムを強化します。ラベンダーは健康回復の色です。頭の痛みの中心に作用するため、薬物中毒治療に役立ち、身体から麻酔を抜くのにも有効です。

BELOW 下
プラムは目的達成のために奮闘する必要がありません。すでに必要なものを得ているからです。

ABOVE 上
すみれ色の光は、新生児の黄疸を取り除く効果があります。

❸ 環境の色

色とそのメッセージは、天地万物の全領域に私たちをいざなってくれます。色は、手に取ればそこに存在します。それでは、色を単に住まいや職場、娯楽の環境を改善するために使うだけでなく、一歩進んで、色の神秘、利点、力をも活用するには、どうすればよいのでしょう？　光と色は私たちの健康と幸せな暮らしに不可欠ですから、その問いに対する答えは、自然と自然の中の色に存在します。自然から学習すれば、私たちの環境の中にある色の力と存在を維持することができるのです。

　五感すべてが、実際には何らかの形で色の影響を受けていることを私たちは知っています。色は人の気分を高めることも、落ち込ませることもできます。能率を上げることも、下げることも、また、落ち着かせることも、いらつかせることもできます。色の及ぼす作用についてもよく知られており、ある特定の効果を狙ってプランニングや応用ができるほどです。

　「環境」とは、起きているか寝ているかにかかわらず、あらゆる瞬間に私たちを取り巻くすべてのものを指します。赤ちゃんの毛布を刺激的な色から落ち着いた色に変えるという簡単なことでさえ、赤ちゃんの眠りに影響します。住宅内の壁の色を変えると部屋の雰囲気が一変し、部屋の住み心地も当然変わってきます。作業場の色は、作業環境すべてに劇的な効果を与えます。色彩技術の分野における戦後最大の革命は、工場の床へ応用したことです。工場の雰囲気がよくなっただけでなく、労働者のモラル向上や安全性の大幅な改善という、思いがけない効果もありました。英国のある工場では、工場全体への色彩計画導入後、1年未満で事故率が4分の3も低下したことが明らかになりました。仕事場に特定の色が使われるようになったのは、20～30年ほど前のことです。工業用の塗料が作られるようになり、色で効果を上げられるほど充分に色の幅も広がりました。

　安全面での色の効果は、工場の床に限りません。薄暗く黒っぽい道路を通る際に、子ども、歩行者、自転車に乗った人、それぞれが目立つような安全な衣服の色を生み出すのに、カラーコンサルタントは手を貸してきました。また、彼らは病院やヒーリングの場に適した色を取り入れ、それらの場所に大変革をもたらしました。心理学の分野では、色を用いた心理状態の診断と治療が大きな進歩を遂げ、色の好みを判定するテストが開発されました。このテストで示される個人の特性は、ひとりひとりの才能を最大限に生かせる職業の判定に役立ちます。

　多くの可能性をもつ色の使用は、芸術であり、科学でもあります。カラーコンサルタントは知識と直観、判断力を合わせもっています。これらは私たち誰もが持ち合わせている才能です。本書の情報とエクササイズは、自分の中にある知識、直感、判断力の開発に役立てる目的で書かれています。

　色は道具です。道具である以上、上手に使うためには練習が必要です。翻って考えれば、色はあくまでも道具に過ぎないのですから、努力をした人は必ず、この道具を使いこなす技術を身につけることができます。

　色の新しい名前は絶えず作り出されており、色名は商業上の必要に応じて度々変わります。例えば、ある塗料メーカーは、商品の1色の名前を変えてから、古い名前では落ち込んでいた売上を伸ばすことに成功しました。また、同じ色でも国によって名称が異なるため、国際市場で製品を注文したり製造する際に問題が生じています。このように、色の世界は今なお成長と新しい発見の場であり、環境にポジティブな影響をもたらす機会も増え続けています。

RIGHT 右

環境の色は力強いメッセージを送り、私たちの反応を左右します。

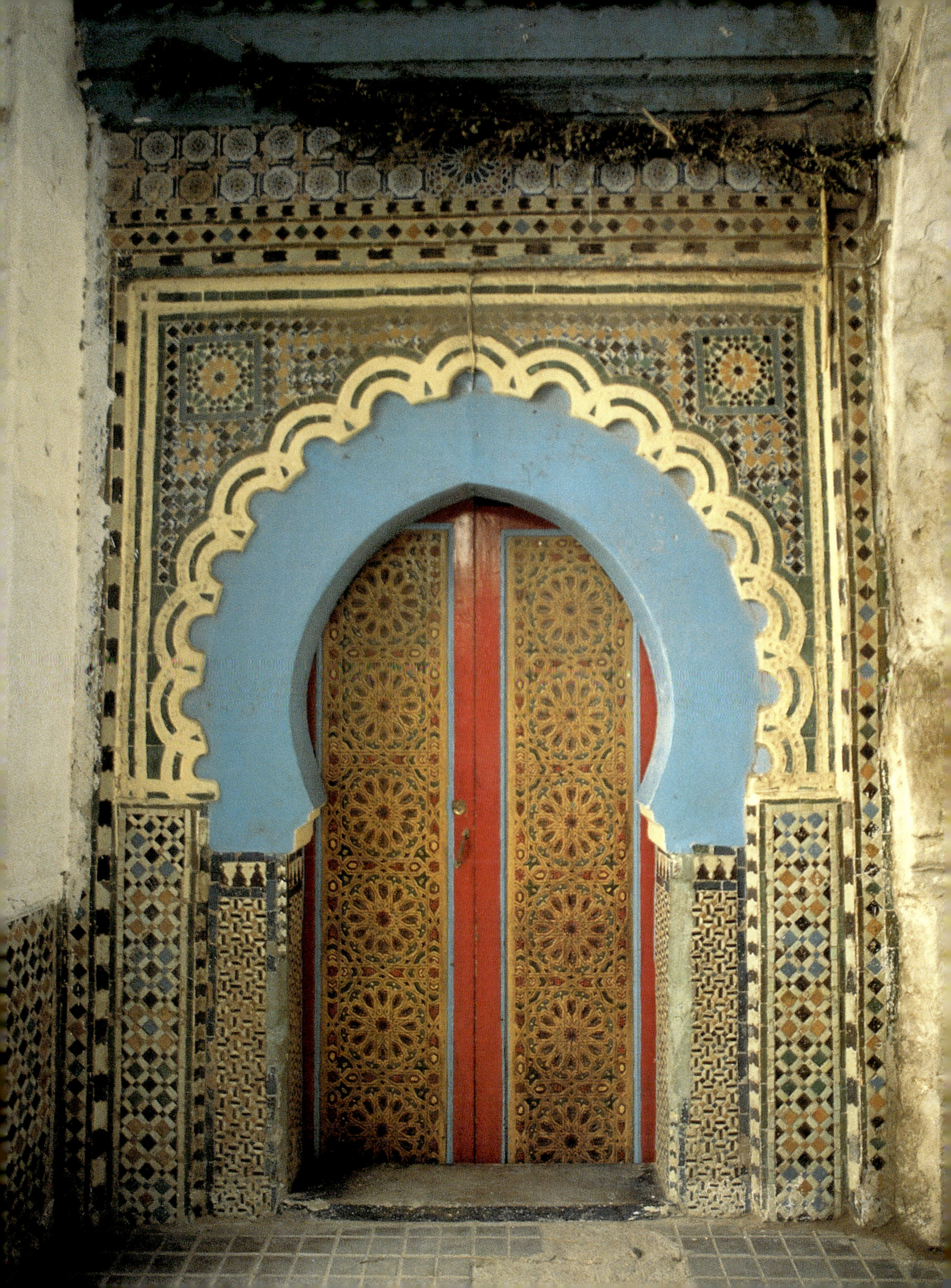

住まいのムードを高める

室内装飾に使う色を思いつきで選ぶのでなく、適切な色を取り入れるよう必要な手順をふめば、インテリアに関してはかなり満足な結果を得ることができるでしょう。色を宇宙の音叉として用いれば、平穏と調和を生み出すことができます。色彩計画が悪いと目に衝撃を与え、不快や疲れの原因となります。しかし、わずかな時間を使い注意して色を選べば、住まいを快適で、楽しく、幸せな雰囲気に彩ることができます。

あなたの個性が色選びの鍵となりますので、決断するときは次のことを心に留めておいてください。物静かな人が教科書どおりに刺激的な色を使うと、自分の家に住むことが辛くなりかねません。また、決して流行に流されて色を選んではいけません。その色とともに暮らさなければならないのは、結局あなた自身なのですから。

部屋の大きさと形も、考慮に入れなければならない要素です。小さめの部屋に強い色を使うと圧迫感があり息苦しくなりますが、明るい同系色で装飾を統一すれば、スペースを広々と見せることができます。暗く狭い部屋の場合は、特に明るくくっきりした色が必要です。色はまた、狭い部屋よりも広い部屋で、より濃く感じます。

暗い色は、昼間に自然光が当たると美しく見えますが、夜の人工照明の下では数段シェードがかかり、鈍く見えます。白を使うなら、部屋にどれくらい日光が入るかをチェックしてから分量を決めましょう。白を使い過ぎると、目を疲れさせ、フラストレーションを引き起こします。ベージュは、あらゆる場所に使える色ですが、強い色を1色か2色加えて（3色以上は不可）、ベージュの膨張性に区切りを与えましょう。1枚の壁を異なる色で塗り分けたくても、ドアや窓のある壁ではやらないでください。色のもつエネルギーが逃げてしまうからです。暗い天井やカーペットは壁を狭く見せ、反対に淡い色は部屋を広く見せます。赤、オレンジ、黄といった強い膨張色は目に直接作用し、空間を生み出します。青、藍、紫といった収縮性のある色はエネルギーを静め、インテリアを落ち着いた雰囲気にします。基本ルールとして、暖色（赤、オレンジ、黄）は1階に、寒色（青から紫にかけて）は上階の寝室やバスルームに使います。

リビングルーム

リビングルームの装飾計画では、色の効果を頭に入れておくことが大切です。色は、単に目を楽しませるためのものではありません。装飾の色使いで、室内をあなたらしく演出することはできますが、その場所を使う他の人に対して、色が与える効果についても考える必要があります。リビングルームという人の出入りの多いスペースでは、家族ひとりひとりが自分を表現することができるよう、あなた自身と家族の広いニーズに応える色を選ぶことが極めて重要です。適切な色を選び、リビングルームを使う人をその色の振動で包めば、口げんかのような騒ぎを避けることができるでしょう。けんかしがちな人がいる場合は、リビングルームに上品な濃い青が必要です。家族が集い、友達が訪問することを望むならば、黄の壁を選んで舌をなめらかにさせ、会話をはずませ、楽しみや笑いを助長します。リビングルームに強い緑を使うと、ダイニングから移動してきた後の消化を助けます。しかし、この部屋のありとあらゆるものを緑にしないでください。あまりたくさんの緑にさらされると、催眠性の雰囲気が生まれ、結局気分が落ち込んでしまうからです。

LEFT 左
黄色のインテリアがもたらす喜びと楽しさが、ソファのベージュで一層増すでしょう。ベージュには空間を広く感じさせる効果もあります。

ABOVE 上
平穏とくつろぎを
もたらしてくれる青は、
部屋の雰囲気を鎮め、
落ち着かせてくれます。

RIGHT 右
ステンレス製ワークトップの
青みがかったグレーによって、
慌ただしいキッチンに
落ち着きが戻ってくるでしょう。

ダイニングルーム

「白と茶を使って装飾したときに、もっともよく食事が進む」。レストラン業界では、このような調査結果が知られています。茶は肉体的に自然と結びついています——茶色の大地で植物が育まれます。白は母親を連想させます——母乳は、栄養と快適の源です。これら2色はうまく機能し、茶の安定した影響下で消化を助けてくれます。さらに、インテリアや皿、グラス、ナプキン、花などに、ターコイズを少し加えると、温かな会話を促します。目的に合わせて他の色も取り入れてみましょう。例えば、青、藍、紫は食事を長引かせ、赤、オレンジ、黄は食事を早く終わらせます。

キッチン

キッチンは忙しい場所です。したがって、青や紫を使うのに適した場所とはいえません。青や紫は、速度を落とす効果をもつため、てきぱきと仕事を片づけなくてはならない場所には不向きです。一方、黄はキッチンにとって素晴らしい色です。なぜなら、知性を刺激し、目の前の仕事に集中するのを助ける色だからです。テラコッタとオレンジも、行動や活動を促す色なので申し分ありません。キッチンに明るい緑を使うと、驚くほど健康的な料理ができあがるでしょう。赤はキッチンには控えめに使ってください。赤は仕事の場所から逃げ出すことを促すため、料理好きでない人には役に立たないでしょう。また、赤を狭い空間に使うと閉所恐怖症になる可能性もあります。

玄関

　玄関の装飾は、訪問者にあなたの個性と住まいの環境を最初に提示します。例えばコーラルやピーチなど、暖かい色であればあるほど、歓迎ムードが強まります。神経系を慰めるのに適した色はターコイズです。落ち着きを与えるために青を少し加えましょう。黄色の玄関ホールは、家族があなたを家の中のほかの場所に通すのではなく、この場で話をさせたがっていることを示します。緑の玄関ホールは、家族があまりきれい好きではないことを示しています。そういう家族はたいてい動物と同じように屋外が好きだからです。白と青は、住んでいる人が非常にクリエイティブで、住まいのデザインと効果がその人にとって重要であることを示しています。この家庭には子供がいない代わりに、あなたをじっと見つめているシャム猫がいるかもしれません！　茶の玄関に入ることはできますが、そこに居続けることはできないでしょう。

地下室

　地下室は暗く、じめじめしてもの寂しく、ほとんど採光がない可能性があります。ここで使うのに最適な色は白です。白は反射性があり、周囲を広く、明るくするからです。壁にめぐらされた配管を虹色に塗り分けると、醜い目障りなものから、華やかなインテリアのポイントに変わります。また、戸棚や半端な家具を、明るく美しい色にペイントすれば、それらの家具があなたに、楽しそうに歌いかけてくるでしょう。

ABOVE 上
白、もしくはベージュの殺風景な壁を引き立たせるパーフェクトな3色。

寝室

　寝室は休息の場所なので、すべて青で装飾し、ラベンダー、ライラック、すみれ色をプラスします。寝室に赤やオレンジを使うのは刺激が強すぎて、不眠を引き起こす可能性があります。藍は不眠症に使うのに適した色ですから、頭痛に悩まされている場合は、寝室に藍を使うと素晴らしい効果が期待できます。金を少し取り入れると、夜の穏やかで幸福な気分に浸ることができます。電球やねまき、シーツの色を変えれば、部屋のムードも一変します。赤の飾りやバラを取り入れれば、活気のないセックスライフを蘇らせることができます。

LEFT 左
紫のカーペットは家庭環境を保護します。
住んでいる人は自らの社会的立場を
充分意識することになるでしょう。

住まいのムードを高める　**59**

ルームを利用しましょう。水をターコイズに変えるバスソルトかバブルバスを使い、貴重な時間を自分自身に集中できるようにします。身体の毒を落とすためにダークグリーンの植物を飾り、ダークグリーンか黄色のキャンドルを灯しましょう。虹の全色を使ったジャングルプリントの壁紙や、蝶、鳥、花を描いたタイルで装飾した、いわばエキゾチックな極楽鳥のようなバスルームは、真のパラダイスになるに違いありません。色の過負荷を避けるため、ひと息つける白無地のスペースも充分確保します。貝殻を飾った青いバスルームは、リラクセーションを促し、ヒーリングの水の中で泳いでいるような感覚を生み出してくれます。バスルームに強烈な色があると、長くその場所に居続ける気分にならないため、時間のない忙しい家族に向いているかもしれません。飾り気のない白いバスルームの場合は、特定のヒーリング効果を狙ってカラーライトや色のついた装飾品を利用しましょう。例えば、慢性関節リウマチの症状の緩和が目的なら、オレンジのライトを、二日酔いをさますには藍のタオルを使います。色のもつヒーリング効果については、第2章を参照してください。

ABOVE 上
子供部屋にはスペクトルの両端を組み込みます。

子ども部屋

　子どもの寝室はシンプルにしましょう。色が多すぎると圧倒されてしまい、子どもは寝付けません。壁、カーペット、家具のうちのどこかに、スペクトルの両端の色を取り入れる必要があります。冷たく、淡いアップルグリーンも最適な色です。なぜなら、子どもは様々な色のおもちゃをもっているため、多くの色が部屋に入ってくるからです。試験勉強をするような大きい子供の場合は、プリムローズイエロー（淡い黄色）の壁に恩恵を受けるでしょう。この色は目の前の課題に思考が集中するよう助けてくれる効果があります。さらにエネルギーの流れを促すため、学習量がかなり多くても泥沼にはまりこんだような気持ちになりません。赤ちゃんの部屋についてのアドバイスは、82～87ページをご覧ください。

バスルーム

　バスルームは、私たちにとって体の毒を落とし、洗い清め、リフレッシュし、再びスタートを切るためのスペースです。水は偉大なヒーラーですから、現代生活のストレスや緊張から自分自身を解放するための個人的な聖域として、バス

BELOW 下
時間の限られた忙しい家族には、バスルームに強烈な色を使うのもよい選択でしょう。

ヒーリングガーデン

万物は色に満ちあふれています。その恵みを、私たちの生活を充実させるために活用しましょう。公園や庭を散歩しているとき、私たちは他のどんな場所よりも神の愛の近くにいます。ヒーリングを目的にした庭を設計することもできます。青空は、すでにヒーラーを意味する色を大地に映しています。草の緑は、肉体を強靭にする絶大な力をもち、流れが滞った器官から毒素を取り除いてくれます。茶色の幹をもつ木は、大地の潜在能力の奥深さを感じさせます。その緑色の葉に、色付いた果実が見え隠れします。木の下に座れば、自然のヒーリング力に通じます。木に抱きついたり、木にやさしく背中をこすりつけて、自然の生命エネルギーを生み出してください。

　暗いグレーの敷石、セメント、コンクリートは庭のヒーリングエネルギーを制限しかねません。おすすめは、テラコッタのれんが、多色の石、自然木など、戸外の環境と溶け合い、自然の色のエネルギーを高めるものです。

冬の色

　あなたの庭で、季節の移ろいを知ってください。夏の間じゅう、自然は限りなく色を提供してくれます。冬も違いはありません。黄色い花、例えばプルメリアは、寒さの厳しい日に一条の光を加えてくれます。また、明るい赤、オレンジ、黄色のベリーの中にも「冬色」見つけることができます。庭が荒れたように見えるなら、芝生や花壇の上に色のついたクリスタルや石を置いてみてはどうでしょうか。あるいは、それらを葉の落ちてしまった茎や低木から吊り下げて、必要な色のエネルギーを提供しましょう。また、どんよりとした色の納屋を、黄または金と白にペイントするとよいでしょう。ベンチも、必要に応じて素敵な色に塗り替えることができます。気持ちを奮い立たせ、心を温かくする鮮やかなオレンジは、眠っているような茶色の地面を背景に、くっきりと浮かび上がるでしょう。オレンジには、体内でビタミンCの生成を促す効果もあります。出窓に、虹の七色の植木鉢を揃えれば、目をやるたびにヒーリングのエネルギーを増すことができます。色の万華鏡は庭で楽しめます。空が暗い灰色の日でも問題ありません。雪で覆われた地面は、虹の全色の方向を均等に変えてくれます。

野菜

　原始時代より、太陽はその神々しい光で大地を万遍なくおおってきました。自然の暖かな赤や金色は、野菜や昆虫の世界に重大な影響を及ぼします。色づいた野菜は、色ごとに固有の振動速度をもっています。色の異なる野菜は、庭に新たな色彩次元をもたらしますし、健康の維持や増進に必要な色を摂取するためのよい方法です（参照→P.104〜105）。

ハーブ

　ハーブを摂取することによっても、日光のバランスの取れた虹色を体内に取り込むことができます。緑のハーブは、植物の世界での循環と血流を表します。緑は葉緑素を生成する太陽光によって作られ、強壮剤として身体に活力を与える強い効果があります。

RIGHT 右
ウィンドーボックスに飾った葉牡丹。ソフトなクリーム色は、空間の不足を補ってくれます。

RIGHT 右
燃えるような赤い花は、どんな庭にも刺激とエネルギーをプラスします。

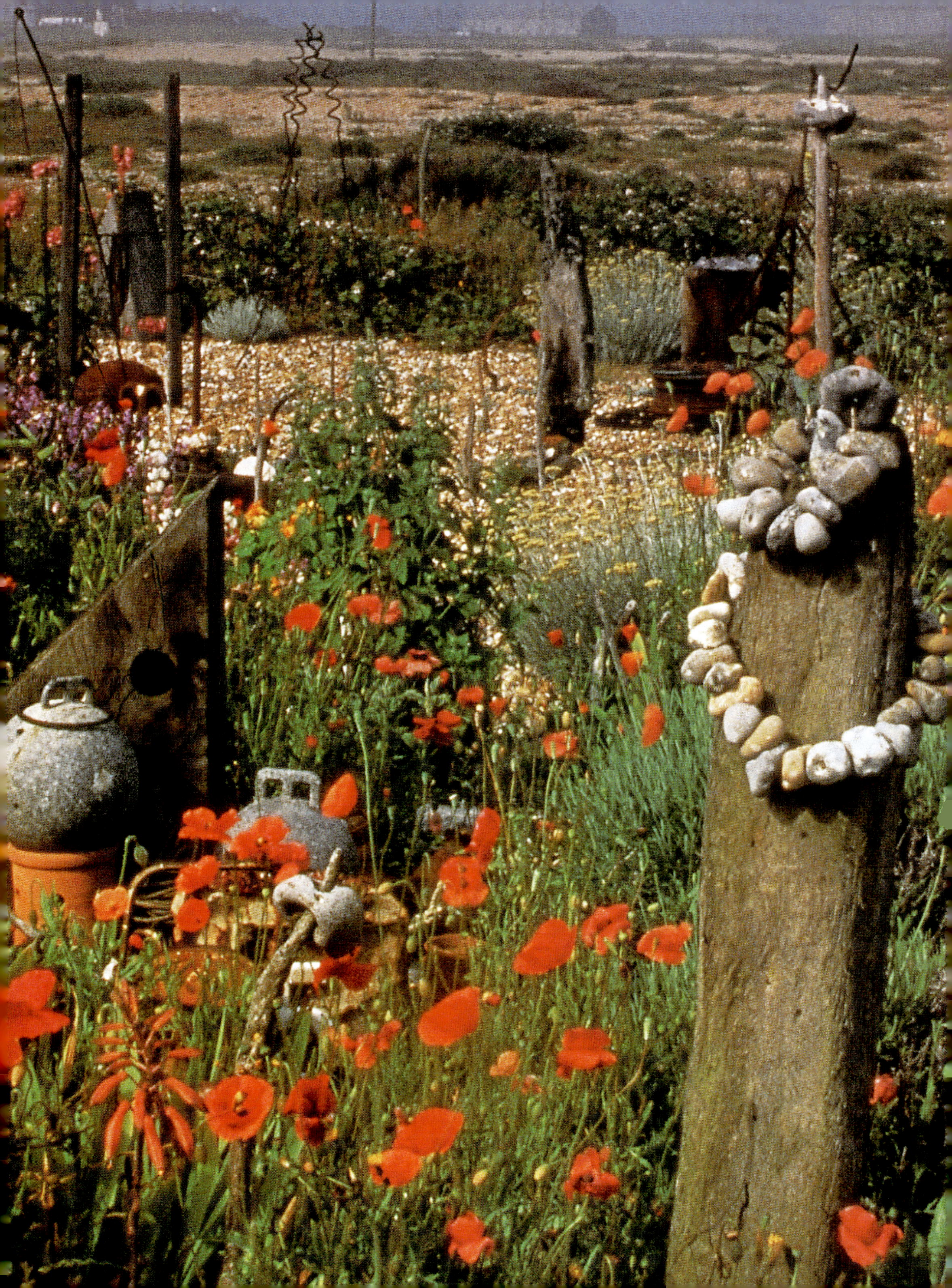

花の力

　花は、光を有形化したものです。古代より、花はヒーリングのシンボルとして、また美と愛の例として用いられ、現在と未来を表現するために使われてきました。愛はヒーリングの基準になります。

　植物や花には中枢神経はないかもしれませんが、植物などの細胞には超感覚的な知覚が備わっていることが科学者によって証明されつつあります。植物に取り付けたポリグラフの記録によると、植物の所有者の心拍と、植物の拍動がぴったり一致していることがわかりました。これは、植物が元気の源となるエネルギーを移動させられることを示しています。どうやら、植物は語り合ってさえいるようです。マリーゴールドが庭の医者と考えられているのは、おそらくこのような理由からでしょう――マリーゴールドは極めて鋭敏なだけでなく、実際薬にもなってくれます。

花の色に備わっている力を利用しましょう。お見舞いの花はたいへん重要です。手術を受けたばかりで休息が必要な人に、オレンジや赤の花は禁物です。青や緑の花がよいでしょう。仕事場でパソコンの前に座るなら、パソコンの上かそばに紫のセントポーリアの鉢を飾りましょう。有害とされる電磁波を取り除く、完ぺきな作用があります。

ABOVE 上
ライラック色の花には、免疫力を高める、すぐれた力があります。

ヒーリング・フラワー・ティンクチャー

　E・バッチ博士により発見されたバッチ花療法は、単独で、あるいは他の治療法とともに施せる安全な補足的療法です。この療法が対象としているのは、肉体よりもむしろ感情体なので、心理状態を安定させ、「魂に存在する神の意志」によってヒーリングを促します。

フローラル・ヒーリング・バス

　色を抽出する特に美しい材料として、花を使うこともできます。両手で花を撫でてから、手と花を水の中に移します。花によって浴槽に色のエネルギーが広がります。花の香水を加えれば、さらにヒーリング力を高めることができます。

　花が集まると愛を生み出します。民間伝承では、花とは、心という庭に位置する魂が花開いている状態の象徴とされていました。適切な色の花を選んでください。その際は生花だけを使います。しおれた花だと、浴槽に衰退のエネルギーが広がってしまいます。痛みを和らげる目的なら、青か藍の花が理想的です。気分が滅入ったときは、山吹色の花びらを大量に使います。無条件の愛を貫くには、ピンクの花が最適です。

ABOVE 上
フローラル・ヒーリング・バス。
色を抽出させるための、特に美しい方法です。

花の象徴

　花は女性の本質を表し、楽園――「壁をめぐらした庭」を意味する東洋の言葉――を喚起すると言われています。臨死体験のある多くの人が、カラフルな「ヒーリングガーデン」の記憶をもち帰っています。その時の花の色は特に印象的なようで、「素晴らしく鮮やかで美しい」と表現されます。

- 萼(がく)は中心であり、受容性を表します。
- つぼみは潜在性を意味します。
- 開いた花は、拡張や好運の歯車を表します。
- カゴいっぱいの花は、長寿と幸せな老後を象徴します。
- 花の種は、霊の再生を具現化したものです。

低木

　微妙に色の異なる葉をもつ低木を植えれば、庭に美しく、かつさりげなく色を取り入れることができます。低木は長持ちしますし、その花よりも光沢のある丈夫な葉に価値があります。さまざまな緑のシェードをもつ低木のまとまりは、おびただしいヒーリングのオーラを放ち、私たちの身体に均衡の取れた状態をもたらします。明るい緑と暗い緑の葉のものを組み合わせましょう。斑入り葉なら、単独で緑の濃淡が表現できます。緑の間に紫色の葉をもつ木を植えれば、もっとも価値ある色の組み合わせが完成します。これらは、天の英知と精神的な成長との色の均衡を促す組み合わせです。黄色の葉の低木はピリッとした刺激を与えてくれます。なぜなら、黄色はすべての中でもっとも明るい色だからです。

BELOW 下
バリエーション豊富な低木の葉色によって、
庭にシェードとティントが
ミックスされます。

オフィスの雰囲気を高める

オフィスに適切な色を取り入れれば、従業員に快適な職場環境をもたらし、生産性を上げる大きな効果があることがわかってきました。同様に、不適切な色は作業を妨害し、集中力を低下させるということも心に留めておかねばなりません。

色は部屋の力学を変える効果的な手段です。

1. 単一の明るい色は、小さい部屋を広々と見せます。
2. 暗い色は部屋を包み込みます。
3. 強い色も部屋を包み込み、圧迫感を与えます。
4. 色は、小さい場所より大きい場所で、より強烈さを増します。
5. 暗い天井は壁を狭く見せ、薄い色の天井は部屋を広く見せます。

避けたい色

総じて、白のオフィスは避けるのがベストです。白はすべての色を含むため、方向性がほとんどありません。白に長くさらされるといらだちやすく、生産性が低下します。茶も生産性の乏しい色です。茶は退屈と停滞、そしてエネルギー切れを生じさせます。グレーは憂うつを生みだしますし、黒は運動を制限し、あらゆるものを停止させます。ベージュを使うなら、緑かローズを加えましょう。ベージュの分量が多すぎると怠惰になりがちです。

特定の環境に合う色

オフィスの目的は色選びの重要なポイントです。それは、クリエイティブな黙想の場所ですか、それとも巨大な金融取引を行う、喧噪にあふれた場所ですか？ 次に、どんな効果を望みますか？ 志気を高めるためですか、それとも緊張を解きほぐすためですか？ ひとつの仕事に集中するためですか、それとも広範囲にわたる水平思考を助けるためですか？

重役室

重役室はリーダーシップと管理職のオーラを放つ必要があります。濃い紫のカーペットは豪華さを感じさせると同時に、壮大な理念と創造性というメッセージを伝えます。金の装飾は、信頼感と忠誠心を増します。金銭や収支の状況は、緑の植物の数によって示されます。

オープンプラン・オフィス

オープンプラン・オフィス、すなわち間仕切りを取り払ったオフィスでは、多くの人が広い空間を共用するため、独特の問題が発生します。人間には縄張りを張る習性があるため、個人のスペースが侵されることによって、生産性が低下する不安があります。そこでオフィスによっては、この問題をパーテーションによって解決しています。色は、パーテーションで効果を上げる際の重要な要素です。茶とダークグリーンは孤立状態を生みだし、士気を低下させます。ひとりひとり色を変えれば、個人スペースという感覚が強まり、また各々の仕事に適した色を選べば生産性がアップし、志気も高まります。天井、壁、カーペットなどを中間色にすれば、作業スペース間で共同作業をしている感覚が生まれます。例えば、全体的な装飾の基調をクリーム色にし、塗装面に、オレンジ、エメラルドグリーン、ローズ、濃い青など、明るい色を何色か使います。1色しか取り入れられない場合は、明るいターコイズを選びます。ターコイズは、プライバシーという、なくてはならない感覚を生み出す色です。従業員は、各自のスペース内なら自分に必要なパーソナルカラーを導入することができます。

慌ただしいシティオフィス

販売や株式市場など、プレッシャーの強い活動には、エネルギッシュな色が必要です。赤いカバーをかけた椅子は、活動の開始にふさわしい場所です。強烈な濃い色は、興味、エネルギー、推進力を生みだし、作業者を追い立てます。緑の壁とカーペットは赤とのバランスをとり、仕事のプレッシャーによる頭痛を和らげます。黒、オレンジ、白の装飾は、発展を目指す企業家の支配のサインに違いありません。

自宅内のオフィス

自宅で仕事をする場合の最大の難関といえば、個人の生活に侵入する作業をいかに止めるかということでしょう。おすすめなのはロイヤルブルーのカーペット、黄色のカーテン、ペールブルーや淡い黄色の壁です。これらは、仕事を仕事すべき場所にうまく留めておける組み合わせなので自宅内のオフィススペースに向いた色使いです、オフィスがどこに位置しようと、またどんな機能を果たそうと、細かい点、例えば文具などの色に配慮することも忘れないでください。色はビジネスにおいての声明であると考えてください。例えば、伝統的な白い紙を使うのをやめたとします。しかしこうすると、紙に書かれた内容に対して注意が散漫になる可能性があります。企業の望むイメージをじっくりと考えたうえで、第2章、「色の心理学」(参照 →P.16〜P.53)を参照し、レターヘッドやロゴに適切な色を選びましょう。

オフィスの雰囲気を高める　**65**

TOP LEFT 左上
自宅内のオフィスを黄色の壁にすると、豊かな発想を促してくれます。仕事が家庭生活に入り込まないように、青いカーペットを敷きましょう。

ABOVE 上
赤い椅子はあなたを奮起させ、黒は踏み込んでいない機会を表します。緑のカーペットはストレスを最小限に抑えてくれます。

TOP RIGHT 右上
オープンプランのオフィスでは、基調色をクリームにしてオフィス空間に対する感覚を与えると同時に、作業者ひとりひとりのパーソナルカラーの導入を認めます。

ABOVE 上
濃い紫は豪華さと権力の印象を与えます。金色の壁は信頼感と忠誠心を高めます。

他の環境における色使い

住宅のほかにも、色使いによって効果を上げることができる場所があります。

工場

工場や他の労働環境にも、おおむね住宅と同じ原則が当てはまります。まず、その場所の用途を頭に入れ、その場所を使用する人たちにどのような影響を与えたいのか、その点を明確にします。明るく濃い色は人が常に動き回ることを望む場所に使われます。例として廊下やトイレ、迅速に進めたい流れ作業のベルトの色が挙げられます。集中力を高めたい場所に望ましいのは、淡い色です。特に、眼精疲労を軽減し、いらだちを抑えたい場合に淡い色が効果的です。作業場の温度が高い場合は、緑や青などの寒色を、反対に、冷え冷えとした場所ならアイボリー、クリーム、ピーチのような暖色の色調が有効です。

作業ラインで扱う製品自体が濃い色の場合、作業場の色によっては劇的な効果を上げることができます。その典型的な例が口紅工場です。ここでは、口紅の濃い赤色が作業者の頭痛や吐き気の原因になっていましたが、作業場を緑色に塗り替えただけで、それらのトラブルが嘘のように消えてしまいました。白い製品を作っている場所なら、青、黄、緑が目の疲れをやわらげる効果が高いことがわかっています。

工場の機械は、安全対策として色分けされており、パーツの使用目的によって色が異なります。フレームやスタンド、動かないパーツなど、機械の動作とは無関係な場所は無彩色にし、機械の操作者を悩ませないようにしてあります。一方、「動く」パーツには操作者の注意が向けられるよう、よく目立つと同時に、目を疲れさせない色が使われています。また、危険なパーツは、赤や黄のように、注意を促す明るい色で際だたせています。

作業場に色を取り入れたことによって、思いがけない効果が報告されています。なんと、色が私たちの時間の経過の感じ方に影響を及ぼすというのです。淡く明るい色の作業場では、1日が短く感じられるようです。

LEFT 左
工場では、
安全対策として、
色分けが欠かせません。

他の環境における色使い　　**67**

BELOW 下
手術後の麻酔が切れた痛みを
やわらげるのに最適な色が
ラベンダーです。

生徒が朝の学級活動時に騒ぎすぎる、という問題を抱えていた教師は、次のように生徒たちに促しました。「教室にいるときは、自分の頭のてっぺんが開いて、きれいなターコイズの光が流れ込んでいる様子を思い浮かべてごらんなさい」と。生徒たちは、この空想が気に入っただけでなく、その後の学活では大人しく過ごせるようになりました。その教師は校長に呼び出され、子どもたちが急に変わったのはなぜなのか、その理由を説明するよう言われたそうです。他に、学校に向く色として明るい黄色があります。試験時の集中力をアップさせる効果があるためです。

適切な色は物事を落ち着かせますが、反対に不適切な色は、物事を悪い方向に導きます。グラウンドやスポーツ競技会では、黄色は避けるべき色と言われています。その理由は、黄色の負荷がかかりすぎると、口論や衝突が起こりやすくなるからです。

病院

部屋のスペースと形に色が与える影響に加えて、適切な色調のブルーには心を穏やかにする効果があることが、情動障害を扱う複数の病院で明らかになっています。病室に関しては、装飾の基調をクリーム色にし、病状に合わせて、カーテンや装飾品で適切な色を1色取り入れるのがベストです。抑うつ症なら金色を、神経系の疾患ならターコイズを、血行不良や、神経インパルスなどの伝達阻害には赤を、高血圧には青を、基調のクリーム色に加えましょう。手術直後に入る回復室には、ラベンダーが有効です。この色は、麻酔から覚める助けとなってくれます。

刑務所、学校、グラウンド

刑務所に短期間ソフトなピンクを取り入れただけで、施設内の緊張状態やトラブルが減ったことが報告されています。しかし、この場合のピンクは、かなり淡いものにする必要があります。赤みが強すぎると跳ね返りがあり、崩壊を導きかねません。

ABOVE 上
金と黄には集中力を高める
効果があります。この色を使えば、
学生は試験でベストの結果を
出すことができるでしょう。

洋服の色を選ぶ

企業は、流行色が市場に与える影響を熟知しています。同様に、私たちも自分の身につける衣服の色が他人にメッセージや信号を送っているということに気付くべきでしょう。一言で言えば、身につけている色は名刺です。その色によって、私たちは他人に知られるのです。選んだ服の色は、自分自身のみならず、自分と接しようとする他人にすら作用します。服の色を身体が吸収するということはほとんどありませんが、心理には深い影響を与えるため、結果的に情緒や気分に明らかな違いが出てきます。

なぜ私たちは特定の色に心引かれるのでしょう。多くの色があるのに、ある1色だけが魅力的に思えるのは、なぜでしょう。食べ物に関して言えば、私たちの内面のあるレベルで特定の色の振動を必要としているため、その食べ物の色に引きつけられるのです。自分自身で肉体的もしくは精神的アンバランスの調整を行っているわけです。ところが、私たちはアンバランスな状態に陥っているため、そのバランスを正す色よりも、むしろアンバランスを支持する色に引きつけられがちです。神経質な人がタバコ好きだったり、落ち込んだ人が薬物やアルコールを必要とするのと同じことです。このような悪循環を、ターコイズや青を使って断ち切ることができます。この2色は私たちの心と身体を優しくなだめてくれます。また藍色は中毒から解放される手助けをしてくれる色です。

色を使って、過去の自分に旅することも可能です。もし自分の15歳の頃のことが思い出せないなら、好きで、よく身につけていた色を思い起こしてみてください。当時のあなたの動機や状況を思い出す重要なヒントを与えてくれるはずです。そして、その色の解釈のために、第2章の「色の心理学」(P.16〜53) を読み返してみましょう。私自身はミドルティーンの頃、青の服をよく着ていました。障害のレベルで解釈すれば、青は私がマンネリの状態に陥っていたことを示しています。本当にそのとおりでした。しかし、変化のなさを受け入れられる青の辛抱強さも私はもち合わせていました。このような自分の真実の姿を省みることによって、私は自分自身を癒し、次のステップへ進むことができました。色の言語を学ぶことには大きな意味があります。高価な洋服を買い揃えるのは、そのあとにしたいものです。ファッションの世界では、視覚的効果こそが最終目的で、それぞれの色のもつ振動が健康や癒しに与える影響をまったく無視しています。しかし、あなたは洋服を買う前に色のもつヒーリング効果を頭に入れておきましょう。前の晩に洋服を選んでおいたのに、翌朝起きたら、なんとなくその洋服を着る気分になれないということが、よくありませんか？ 選んだときはいいと思ったのに、一晩経つと気が変わるということがありますよね。眠っている間に身体の成分は変化しますので、あなたの必要な色の振動が、翌日は変わっているのです。不足している色によって、私たちは不必要な買い物へと駆り立てられるのです。ですから、とても高価な、炎のような赤色のセーターをお店で見かけ、欲しくて欲しくてたまらなくても金銭的余裕がない場合は、赤い電球を買って、その明かりの下に20分間座ってみましょう。おそらく20分後には、そのセーターを買いたいという強い衝動が消えていることに気付くでしょう。なぜなら、癒しの強壮剤である赤の振動を受けて、あなたの身体には力がみなぎっているからです。お金だって節約することができました。

LEFT 左
昔身につけていた服の色は、当時の自分自身や他人に対して、どのような思いを抱き、また表現していたかを解き明かすヒントになります。

RIGHT 右
膨張色には、喜びと笑いを示す黄色の要素があり、重荷を軽減してくれるオレンジを作用させてくれます。

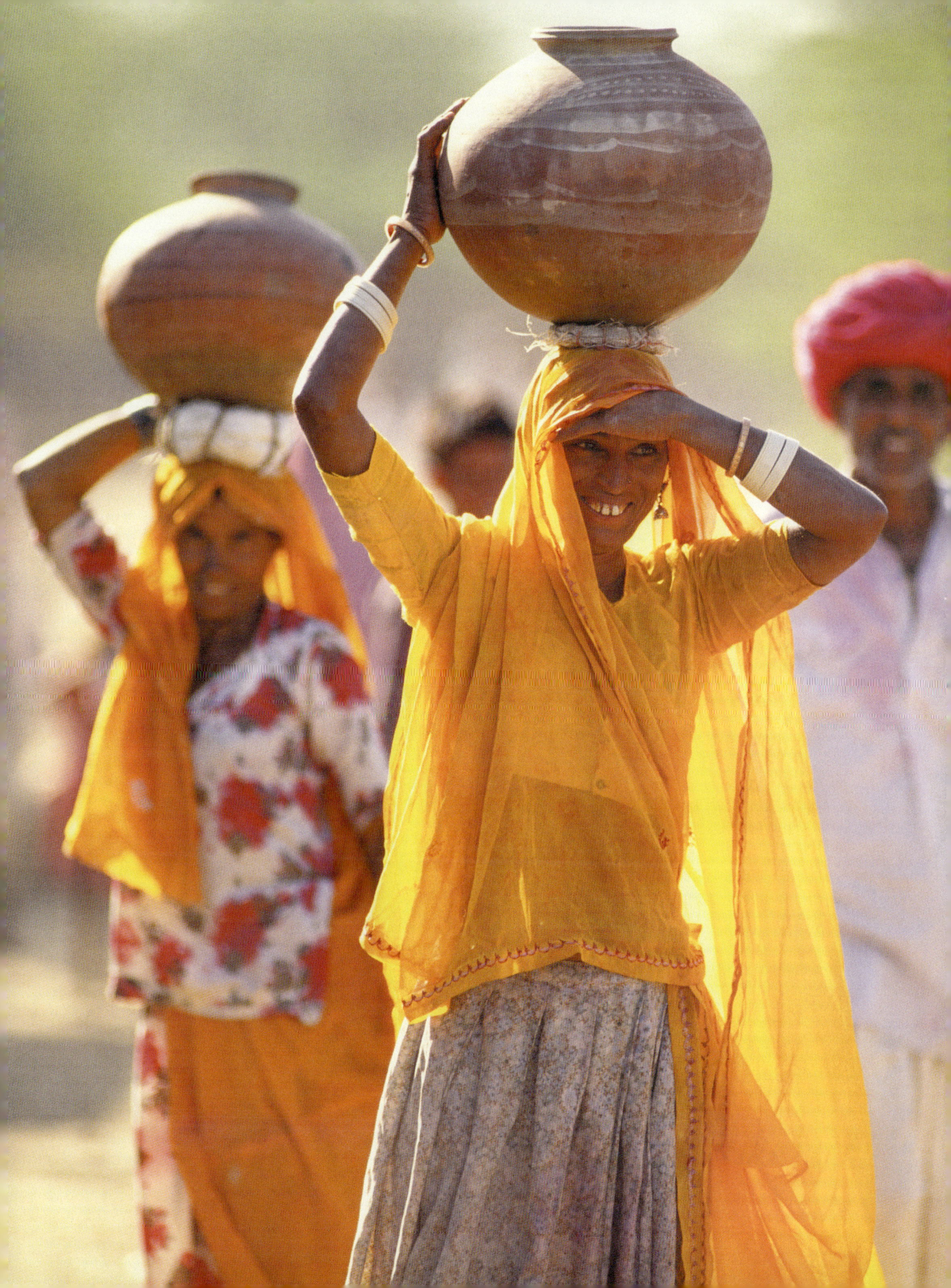

効果的な色選び

　服装に何色か取り入れる場合、主要な色相があなたの身体を取り仕切り、焦点を当てるということを覚えておきましょう。色を肉体の健康に役立て情緒面にも活かしましょう。血行不良のときは赤を、恐怖や悲しみと戦うときにはオレンジを、ストレスを和らげるには青の服を選びます。バランスには気をつけましょう。色はあくまでも気分をよくするために役立てるためのもの、1色への偏りすぎは禁物です。ある色の服を1日着てみて、7日経っても何ら改善がみられなかったら、その1週間後に再び試してみます。着ている服の色が自分には強すぎると感じたときは、緑色の服を1日着ましょう。緑には中和作用があります。もし、自分の役に立つとわかっているけれど、その色の服を着る気になれないなら、下着のように外から見えないところに使います。それでも、あなたの身体は、その色の振動に反応するでしょう。このような衣類によるヒーリング効果を期待するなら、一度に多くの色を取り入れることは、おすすめできません。健康面から言えば、多くても3色に抑えるのがベストです。その3色も、ある特定の効果を期待して念入りに選び出します。4色以上になると、ヒーリング力が分散しすぎてしまいます。元気を出すために多くの色を使うなら、1度に8時間までなら構いませんが、連日多色を使うのはよくありません。効果を期待するなら、週に3回が最適です。銀行から借り入れをする必要がある？　それなら暗いグレーの出番です。銀行は常にグレーの味方です。グレーに金銭の色である緑をプラスしましょう。面接官に洋服の色で強い印象を与えたい、活発で機敏に

見せたい？　それなら少しだけ金と黄を取り入れれば、あなたが信頼でき、アイデア豊富な人材であるという印象を与えることができますよ。自分の右腕となってくれる、有能な人材が欲しい？　それなら、背中に茶色の印象がある人を雇えば間違いなし。人前で話すのが苦手？　それならターコイズの服を着てこの色の振動を受ければ、自信が出て、心が落ち着くでしょう。

　ある年齢で身につける色は、暗示的です。よい例としてピンクと黒が挙げられます。少女がピンクを着ると、その女の子がすべての潜在的能力を発達させる準備が整っていることを示します。50代以降の女性の場合、ピンクは再評価の時であることを示し、古い考えや問題を忘れ去る必要性があることを暗示します。黒い革の服を着た10代の若者は、自分の人生を独力で生き、世の中を動かしていける準備ができたということを、無言で語っています。彼らは、自分たちなら、これまでの誰よりも世界を上手に動かしていくことがで

RIGHT 右
さくらんぼ色のジャケットは女らしさを誇示し、ふんわりとしたモーブのスカートは、非凡と気高さを象徴します。

LEFT 左
タン（黄褐色）のシャツは穏やかなる自信を、ボトムの黒は、判断力を示します。

FAR LEFT 左頁
暗いグレーは、安定感と確固たる信念を感じさせます。グレーにプラスされた色は、その人の意向を正確に示し、積極性や起業心を象徴します。

きると信じて疑いません。両親にも社会にも、もはや指図を受けようとはしません。20代～30代の人が黒を着た場合、人生の流れを止める何かがもたらされたことを示しています。何かに妨害されていると感じ、その人の人生が休止状態なのです。40歳くらいまでには、黒との結びつき方によって、権力や支配と、いかにその人が折り合いをつけてきたかがわかります。一般的に、黒を着ている人を査定する場合は、他の色を取り入れているかどうかを判断の材料にします。プラスされた色が、その人の期待しているものが何なのか、心理学的に解明できるからです。

　洋服の色の組み合わせは無限にあります。上手な色使いで、あなたの人生をよりよく変えていくことができるのです。色のある服は、ヒーリングの一要素であり、選択すべきものであると、考えてください。色を使って、あなたの日々の努力を実りあるものにしましょう。もし上司が黒いスーツにピンクのYシャツとネクタイを合わせていたら、仕事を慎重に進めてください。誰かが首になることを暗示しているからです。

❹ パートナーシップと子育て

色は愛する人との関係や子どもの幸福に重要な役割を果たします。子どもに向く色や人間関係に影響する色の選び方をご紹介しましょう。愛は人間を変えます。愛を通して人は学ぶのです。愛する人との関係では、気持ちを通わせるために勇気をふるいおこすときにも、迷いをすっかり消し去ることはできないでしょう。愛を誰かが与えてくれるものと考えるのは大きな誤りです。愛とは関わりの中で習得していくものだからです。

パートナーとの関係は、危機に陥ることがあり、浮き沈みも大きくて、相手を責めたくなることがよくあります。そんなときには、お互いに愛とは何かを学ぼうとしていることを思い出してください。考えた上で恋に落ちるわけではありませんが、恋をきっかけに私たちが育てていくのは結婚という生涯にわたる緊密な関係です。恋はジグソーパズルがうまくはまるように互いがぴったりかみあったとき訪れます。不安定な要素や弱点とともに、ふたりのすばらしい部分もかみあっているのです。

結局のところ、人間関係は感情に基づいています。自分が男として、あるいは女としてそれまでに身に付けてきた基本的な信念、人生観、理想などがわかっていないと、満足

ABOVE 上
愛情関係を脅かす
隠れた要素の重要性を
色が知らせてくれます。

ヒーリングカラー／感情 対応チャート

おもな感情とその原因に対応する色とヒーリングカラー

感情	色	原因	ヒーリングカラー
悲嘆／悲しみ	茶	愛する人を失う	オレンジ
恐れ	黒	脅威	ピンク
怒り	赤	障害	青
喜び	黄	伴侶となりうる人	緑
信頼	金	グループの一員	オレンジ
嫌悪	マスタード	不快な対象	藍
期待	オレンジ	新しい分野	赤
驚き	黄	突然の新しい対象	金
淋しさ	グレー	望まれないと感じる	紫
嫉妬	ダークグリーン	立場を危うく感じる	赤
罪悪感	ダークレッド	自分の誠意不足を感じる	黄

5つの基本的人間関係に対応する色のパターン

1. 犠牲者

マイナス面の対応色: **ダークブルー**

いつも心配ばかりしている人。相手に苦悩の埋め合わせをしてもらいたがる。口には出さないが、いかにも悩みごとの多いようすをしている。

中和するヒーリングカラー: **ピンク**

2. 完全主義者

マイナス面の対応色: **ダークパープル**

支配したがる人。若い頃から何かがうまくできてもほめてもらったことがない。そのため、成人後、パートナーがすることにことごとく不満をおぼえる。その結果、相手をいじめることに。

中和するヒーリングカラー: **黄**

3. 移り気な人

マイナス面の対応色: **ダークオレンジ**

あちこち飛び回る人。なにごとにも深く関わろうとしない。いつも表面的な関係を渡り歩き、深刻になりそうな関係は避ける。失敗を恐れ、自分からわざわざ関わろうとはしない。口癖は「ばかなことを言わないで」

中和するヒーリングカラー: **藍**

4. 世話をやきたがる人

マイナス面の対応色: **ダークグリーン**

「みんなの世話をしているときだけ生きがいを感じるの」そう言って絶えず掃除機をかけては家の中を清潔に保っているような人。はたきをかけたり、カーペットからほこりをたたき出すとなるとたいへんな勢い。男性の場合この傾向は家の改修熱となる。

中和するヒーリングカラー: **赤**

5. 仕事中毒の人

マイナス面の対応色: **ダークレッド**

パートナーとの関係は優先リストの最下位に置き、いつもほかのことを先に立てる人。仕事以外にやるべきことがあるとは思っていない。家庭のあるキャリアウーマンや、男性のワーカホリックがこのタイプ。

中和するヒーリングカラー: **青**

な関係を築くことはできません。行動にはすべてパターンがあり、そのパターンは色に表れます。あらゆる気持ちや感情に固有の色があるのです。チャートを参考にヒーリングにとりくんでみてください。本書ではヒーリングカラーを心身に作用させるさまざまなやり方を紹介します。

感情とは体内で起こる化学反応のようなものです。パートナーや恋人と関わるたびに、まず感情の反応が起こります。伴侶との間で何か気まずい感情が生じたときには、ネガティブな感情を中和する適切なヒーリングカラーを用いてみましょう。

パートナーシップのパターン

パートナーとの関係はパターンに分類できます。カウンセラーは繰り返し同じパターンの関係に出会うのです。上のパートナーとの関係に対応する色のパターンのチャートでは、5つの一般的なパターンをあげ、それぞれに対応色を示しました。思い当たるパターンがありますか？ 自分に当てはまる役割があるでしょうか？ あるいはここにあげたような人と関わった経験は？ あなたのパターンはどれでしょう？

中和する色を取り入れるには、その色の食べ物や飲み物をとったり、身に付けるものや装飾に使ったり、その色の果物や花をそばに置いて色を満喫してください。

RIGHT 右
色によってパートナーとの
関係は親密さを増し、
より深い共感へ導かれます。

適合力

　良い関係を築くには、関係がうまくいかなくなる前に手をうつことが大切です。どんなカップルにもストレスと不和の時期が訪れ、そのあげくけんかをしたりよそよそしくなったりするものです。よそよそしくふるまうことやけんかすること自体は問題ではなく、不安に対処する正常な方法です。けれども、ふたりがそれぞれの過去や現在からどの程度の不安要因を関係の中へ持ち込むかによって、不安の程度が違ってきます。この不安度が適合力に直接反映するのです。

　適合力とはいっしょにうまくやっていく力です。カップルなら誰でも認めることでしょうが、口で言うほど簡単なことではありません。どんなに互いを気遣っていても、それぞれの個性が対立する部分は必ず出てくるのが現実です。

　伴侶を求めるのは自然な本能です。それがなくては人間という種が滅びてしまいます。私たちがたえず関係へと引き込まれるのは、それこそが人生だからです。誰もがポジティブにもネガティブにもパートナーと関わり合います。それが成長と呼ばれるものです。けれども口論になることは多く、「私は悪くない。悪いのは彼よ」と主張し、またはその逆を言い張るようになります。どちらも進歩するより相手を言い負かそうとするのです。他人にはできない批評をしてくれるパートナーもあるかもしれませんが、あまり建設的な意見とはいえず、何をどう変えればいいのかわかりません。決めつけてかかるからです。

　愛を語ることはたやすく、愛の言葉はよく口にされます。けれども、「アイ・ラブ・ユー」の一言は防衛手段として使われることもあります。あまり間近に迫られないように、相手を安心させておくためです。大切なのは言葉よりも態度で愛を示すことなのです。

　あなたの支えとなり、その上であなた自身を自立させてくれるパートナーを見つけてください。あなたの成功を望むパートナーを選ぶことです。あなたが望みを遂げるのをあなたと同じぐらい喜ぶ人。ただ覚えておかなければならないのは、相手もそうしたパートナーを選ぼうとするだろうということです。

色による適合プロセス

　パートナーとの関係の現状を理解したいとお考えですか？話し合いで解決できなかった問題はありませんか？「色による適合プロセス」を用いれば、これまで気づかなかったことについて知ることができます。パートナーとどのようにやって行けばいいかを知るのに役立ち、人生がずっと楽になるでしょう。実りのないパターンから自由になり、不満を解消する方法を学ぶことは可能です。何が起こっているのかを理解しなければ、満足のいく関係は得られません。それぞれの障害となっているカラーエネルギーを見つけ出せば、とらわれているパターンから抜け出すことができます。

　色相はさまざまに解釈できます。どの面が当てはまるかを判断するには、私が「直覚心理学」と名づけているやり方に従ってください。普通は単に直感と呼ぶ方法です。選んだ色をお互いに示し、色を通じて対話しながら気持ちを分かち合い、和解へ導きます。こうしてお互いの愛について問題点を検討することができます。関係をより深く理解するために、ひとりでやってみてもかまいません。このプロセスによって、パートナーとの間にいきいきとした愛を蘇らせてください。

色による適合プロセス

1. プロセスの始めに3分間互いに手を取り合い、ふたりの間に吹く金色の風をイメージ（視覚化）します。それから手を離してください。

2. テーブルの前に、並んで、あるいは向き合って座ります。体には触れないでください。両手を肩幅の間隔でテーブル上に置きます。ふたりの関係の色をとらえられるよう、両手のひらを内側へ向けておきます。目を閉じ、ゆっくりと深呼吸し、徐々に息を吐きます。これを3回繰り返してください。または、ふたりが十分リラックスして落ち着くまで行ってください。

3. 目を閉じたまま、パートナーへの愛をテーブルの上に置くことを想像します。両手の間に愛が霧のようなカラーボールとなって浮かぶでしょう。色をイメージすることができなければ、心の中で色を選ぶだけでも同じ効果があります。

4. 1〜2分、心の中でその色を見つめてください。色の変化やほかの色の混入に注意を向けます。5分たったら息を深く吸い込みます。タイマーをセットしておいてもいいでしょう。それからカラーボールを放し、目を開いてください。

5. しばらく静かに座ったまま、今見たボールの色に注意を集中します。

6. 次の段階では、今思い浮かべた色の意味を、次ページ以降に述べる「色のメッセージ」によって検討します。その色や、シェード、ティントの特性のうち、どの要素が自分とパートナーに対応するかを明確にします。イメージした色がスペクトルの7色にない場合は、第2章の「色の心理学」を見て「シェード」と「ティント」の箇所を参考にしてください。あなたが選んだ色はパートナーに対して抱く気持ちに関連しています。色が告げることを知り、直感を働かせることで、パートナーとの関係について重要な洞察が得られるでしょう。

7. こうして色の語る言葉を聴いたところで、思い切ってふたりの関係にはどんな色がふさわしいかをパートナーと話し合ってください。この関係についてのあなたの気持ちについて、相手に目を開かせることができるはずです。色という新しい言葉を用いれば、ふたりの間には意味深い新たなコミュニケーションが可能になるでしょう。

BELOW 下
色による
適合プロセスを通して、
色の言葉に耳を傾けましょう。

色のメッセージ

赤のメッセージ

「色による適合プロセス」で赤が現れたら、肉体面でのコミュニケーションの問題を示唆している場合があります。赤やピンクは親密さに関わる感情を伝える色で、とくに「性衝動」を表します。体に触れ、軽く愛撫し、キスしあうといった、さまざまな形での親密な肉体的触れ合いは赤の領域に属します。赤が現れるときは、パートナーの一方が体の触れ合いに問題を感じていることがあるのです。片方の性的衝動の方が強く、恋人が応えてくれないと拒まれたようでつらく感じているのかもしれません。赤のバランスをとって、苦痛なしに情熱を分かち合うことをめざしましょう。

適合プロセスで現れる赤は倦怠感を表す場合もあります。ふたりの関係における倦怠感はエネルギーが閉じ込められていることから起こります。抑圧された怒りです。倦怠感があると、コミュニケーションが減ってきます。現状に向き合いたくないからです。そして怒りを抑えつけているため、倦怠感を覚えるのです。枕を叩いて怒りを発散させてみましょう。必要ならセックス・セラピストにアドバイスを求めてください。性的関係が抑圧されていると、うつ状態が起こります。赤が現れるときにはまた、一方が支配欲から相手を痛めつける事態も考えられます。

バランスを取り戻す方法：

これからは、とくに理由がなくても相手を抱きしめ、キスするようにしましょう。

オレンジのメッセージ

適合プロセスで現れるオレンジは、社交性とほかの人々との交流の問題を指し示します。何かの集まりにいっしょに出かけたのに、パートナーがほかの人々の間にまぎれていなくなってしまった経験はありませんか？　パートナーがあなたよりもほかの人々にどう思われるかを気にしていると強く感じているのでは？「オレンジ」に染まったバランスの悪い愛を見る人は、なおざりにされていると思っていることがあります。相手をなおざりにしているのは、あなたとパートナーのどちらでしょう？　ふたりのうちの一方が、パーティで見栄をはったり、必ずみんなに飲み物をおごるのではありませんか？　自慢は、人に好かれていると自分で思うための防御にすぎないかもしれません。劣等感からくるひそかな恐れはパートナーに捨てられることです。これまでに別居を経験したとすれば、まだそれを乗り越えていません。そんなパートナーの浮ついた態度にがまんできないなら、選択肢は2つ、相手の態度を気にかけないことにして今の関係にとどまるか、別れるかです。オレンジは離婚の意志を表すこともあります。

バランスを取り戻す方法：

悪ふざけはおやめなさい。相手にとっておもしろいことではなく、思いやりに欠けた行為です。

黄色のメッセージ

　黄色が「色による適合プロセス」で現れるのはたいてい、不平や小言を言って相手を責め合う関係です。小言は不満を示すサインで、神経をまいらせることがあります。喜びはなくなり、幸福感も壊れ去ってしまいました。この場合、愛に現実離れした期待を抱いていることがよくあります。考えがまとまらず、どんなに話し合っても解決策がみつかりません。口論ばかりしていると、最後には気持ちが離れてしまい、コミュニケーションができなくなります。パートナーを満足させるなんてとてもできないと思い、相手の方が頭が良いと感じるかもしれません。その底にじつは逆の思いがあるのです。「もしもほかの誰かが相手だったら、もっとうまくいくのに」。このような人には自信が欠けています。求めているのは無難な関係なのです。危険を恐れるあまり、パートナーとの関係も浅く表面をなぞるだけで深まることがありません。こうした関係の基盤はもろく、結婚を社会的地位のために利用する傾向がみられます。「私より身分の低い人と結婚した」という気持ちも起こるでしょう。

バランスを取り戻す方法：

　緊張をほぐすため、いっしょに大声で笑い、ふたりの関係を本物にできるような方向を探りましょう。休暇をとって、互いに打ち解けあうようつとめてください。

緑のメッセージ

　緑は青と黄色が混ざり合った色ですので、緑の愛には2つの面があります。青の面には「仏の顔も三度」症候群があります。ふたりの関係はそれまでのような考え方や態度ではもうやっていけないところまできているのです。

　緑に含まれる黄色の面は、いわば「仏がそっぽを向く」現象で、35歳から60歳ぐらいまでの中年の危機の間によく起こります。この時期に緑の関係にあると、それまでの満足そうに見えた態度が一変し、「ちょっと待ってよ！そこは私の場所だ。誰にも邪魔はさせないぞ。場所を譲れ！」となることがあるのです。パートナーは、自分の正当な権利を行使し、つけいられまいとします。自分を犠牲にするようなことはやめてしまうのです。呆然とする相手を残して30年も連れ添った関係を捨てる人があるのも、これで説明できます。

　緑の状態にある人が本当の愛情に従って行動すれば、得られないものはありません。結局緑は家庭や恋愛関係に調和を求めているのです。けれども残念なことに緑は、嫉妬と結びついた所有欲や、お金の問題、それに「息苦しいほどの愛」からも問題を起こしがちです。緑の人は人間よりも財産に執着するようになる場合があります。

バランスを取り戻す方法：

　めずらしい新鮮な果物を用意して、気のおけないディナーを共にしてください。

青のメッセージ

　青が見えたときは、まぎれもなく淋しさと孤独の表れと考えられます。ふたりの間に深い隔たりがあるのです。たとえば、レストランでふたり向き合って座っていながら、どちらも生気のない目で虚空を見つめているようなものです。かすかに通い合う感情さえなく、交わす言葉もありません。関係はマンネリ化し、互いに無気力に陥っています。どうにもならないと感じて途方にくれ、絶望的になっています。この感情は麻酔による無痛分娩で生まれた人に起こることがあります。赤ん坊として体験した麻痺状態が無意識に潜んでいて、後日恋愛関係の中で表れるのです。積極出産を再体験するセラピーが助けになるかもしれません。麻痺状態を受け入れる必要はないこと、もう環境の無力な犠牲者ではないことを悟る必要があります。

　青はまた、パートナーを傷つけるような感情の冷たさを表します。相手の感情を手玉にとるようなところがあるかもしれません。これは相手を激しく消耗させます。被害者意識から自由になりさえすれば、すべてが、とくにパートナーにとっては良い方向へ向かうでしょう。自分が犠牲者だと考えている人と暮らすのはひと苦労です。もしあなたが犠牲者に尽くさずにいられないのなら、そうした慈善家への警句を心に留めておいてください。「あなたの涙を飲んだおかげで、毒されてしまいました」

バランスを取り戻す方法：

　ふたりとも活動的になってください。いっしょにジムへ通うなど、規則的に何か運動をすることです。

藍のメッセージ

　目の前のテーブルに現れた色が藍色の場合は、束縛の強い関係を示しています。片方が統制したがり、片時も相手にまかせようとしないパターンです。この傾向は藍に含まれる黒の要素からきます。藍色は、口にしてもしなくても、規則へのこだわりがあることを表します。それでも、規則自体を問い直してみることはほとんどありません。ふたりの関係にとって意味のある規則でしょうか？　本当にそれに従う必要があるのでしょうか？　藍色には献身的性質がありますが、それが強い制限要因となることがあります。ですから、藍が現れたら、関係のあり方全体を洗い直し、見直す必要があります。自分本位な態度や、必ず同じやり方をしなければ気がすまない中毒のような傾向がないか、気をつけてください。ふたりの関係の背骨がまっすぐになっていないのです。

　藍色の関係では、報恩の気持ちが絆になっている場合もあります。恩を感じる気持ちは、負い目の中でも屈辱的なものです。根のように知らぬ間にはびこって、あなたの愛を吸い取ってしまいます。恩から自由になるのは、ある意味ではびこる根を引き抜くような作業です。藍色は人生にドラマを求めがちですので、片方が、あるいはふたりとも、自分が舞台の中央に立とうとやっきになっているかもしれません。

バランスを取り戻す方法：

　はけ口をつくるために、芝居を見に行くか、アマチュア劇団に参加しましょう。現実的になるときです。

2つの色

適合プロセスでは第2の色を見ることがあるかもしれません。最初の色とともに2番目の色の意味にも注意を向け、どちらの特徴が自分に当てはまるか考えてください。第2章の「色の心理学」にあげた色のシェードとティントによる解釈も適用しましょう。この場合も、色によってふたりの違いを調和へ導き、直感を働かせて関係を明確に理解してください。見えた色を受け入れましょう。内なる自己の真実を信頼するのです。内なる自己があざむくことはありません。色も同じです。

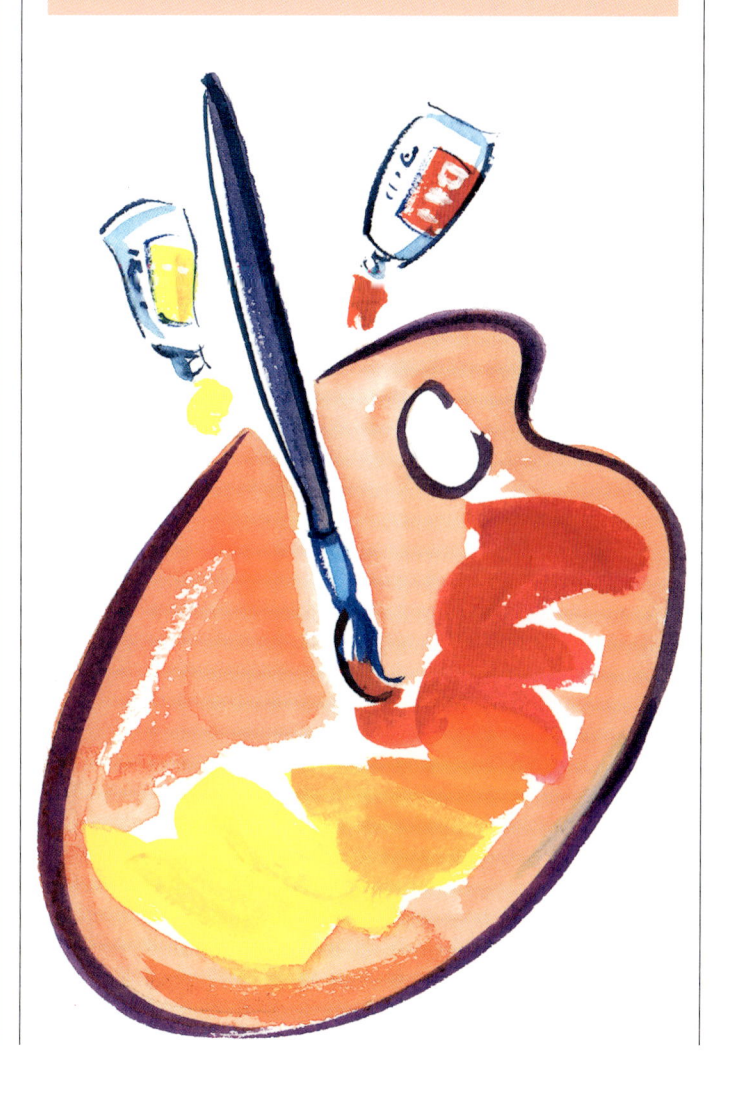

紫のメッセージ

「紫の愛」には赤と青が含まれるので、2つの見方ができます。パートナーがすべてを取り仕切りたがり、優位に立って自分のルールに従わせようとするのは、赤の要素によります。あるいは青の要素によって、自分の中に引きこもり、現実に背を向けて子どもじみた態度をとるでしょう。ぼんやり空想にふけるのを好むため、自分にとっても他人にとっても頼りになる存在ではありません。この場合も、青の面は相手を操ろうとする強い傾向を示します。情緒が未熟な子どもじみたパートナーほど、困った相手はありません。

パートナーが赤の面を表しているとすれば、自分にも厳しい完全主義者で、その人の基準を満たすのは誰にとっても難しいでしょう。紫の人は、恋に恋したり、自分の社会的地位に取りつかれたりすることもあります。パートナーとの関係に限らず、地域社会でも指導的役割を果たしているかもしれませんが、近寄りがたくて孤立していることが多く、伴侶の人生を困難にします。こういう人は、オーケストラをイメージして、自分が名指揮者ではなくて演奏している一員であると思い描く必要があります。ふたりの関係に欠けているのは仲間意識と友情です。それに、もう少しユーモアも欲しいところです。

バランスを取り戻す方法：

謙虚な気持ちと相手への感謝がふたりの関係に生じるよう、1週間、互いの役割を入れ替えてみてください。

ターコイズの親和プロセス

パートナーとともに「色による適合プロセス」をやり遂げたら、今度は「ターコイズの親和プロセス」で互いの真の望みを隔てている溝を埋める作業にかかりましょう。このプロセスによって、関係の次の段階へ進む準備ができます。

緑と青と黄がひとつになってターコイズが生じます。ターコイズはどんな関係にも親和と進展をもたらし、ストレスの多い状況から抜け出すには、黄色の要素であるコミュニケーションによるしかないことに気づかせます。心臓の緑と喉の青がいっしょに働けば明るい黄色の話す力が生じ、おそらくは議論になりますが、3色が結びついてヒーリングカラーのターコイズになったときに、すばらしい成果が表れることでしょう。

ヒーリングプロセスは次のように行います。

1. ふたり向かい合って座り、手をつなぎます。鮮やかなターコイズの霧に取り巻かれているとイメージし、その霧を頭頂から自分の中に引き入れてください。
2. 全身にターコイズが満ちているようすをイメージします。それから、つないだ手を通して互いに輝くターコイズの光を送り合い、相手をターコイズの輝きで満たします。
3. そのまま黙って1～2分座っていてください。あなたとパートナーとの内なる自己が、ふたりの関係の必要に応じたやり方で、プロセスを完了させるでしょう。

パートナーシップ

いっしょになるのは始まり。

ともにやっていくなら進歩。

支えあえれば大成功。

無条件の愛 ── ピンク

自己開発の本やトレーニングで教えられるのは、自分自身を愛することの大切さです。パートナーシップをうまくいかせるための最初の段階は、自分自身とうまくやっていくことなのです。愛だけがそれを可能にする妙薬です。けれども、残念なことにこの妙薬を得るのはそれほど簡単で

自分自身を愛する

1. ピンクの息を呼吸します。目を閉じて、ソフトなピンク色のもやに取り巻かれているところをイメージし、その色を1分間吸い込みます。

2. 左手で軽くこぶしを握り、右手でそれを包んで1分間あやします。

3. 左手のこぶしを握ったまま、手の甲の上の部分を右手の人差し指と中指でそっとなでます。

4. 左手のこぶしをもう一度右手で包み、ゆっくりと徐々にこぶしを唇まで持ち上げ、手の甲に優しく触れ、キスします。

5. こぶしを胸へ持っていき、心臓の真中あたりに置きます。こぶしをそこに当てたまま、ピンク色を深く呼吸し、からだ中を愛で満たし、疑いや失望はすべて吐き出してください。

はありません。トレーニングの参加者が、こぶしを固めて「私は自分を愛するようになる」とつぶやきながら歩き回るのを見たことがあります。そのために命を落とそうとも、といわんばかりです。けれども、簡単なプロセスを用いれば、惜しみなく与える愛に満ちた、あなた自身の自己につながることができるのです。

自分にキスしてください。色はピンクを使います。ピンクは、愛や慈しみ、心の安らぎが不変であることを情緒的に理解する色です。愛の源である自己に結びついたときには、これらの特性がすべて備わっています。まさに自分自身に無条件の愛を与えたのです。もう二度と、誰かが愛と慈しみを与えてくれるのを待つ必要はありません。このプロセスを好きなだけ繰り返してください。源には、ありあまるほどの愛があるのですから。

RIGHT 右
「ターコイズの親和プロセス」は、パートナーとの関係に新たなレベルの親密さと調和をもたらします。

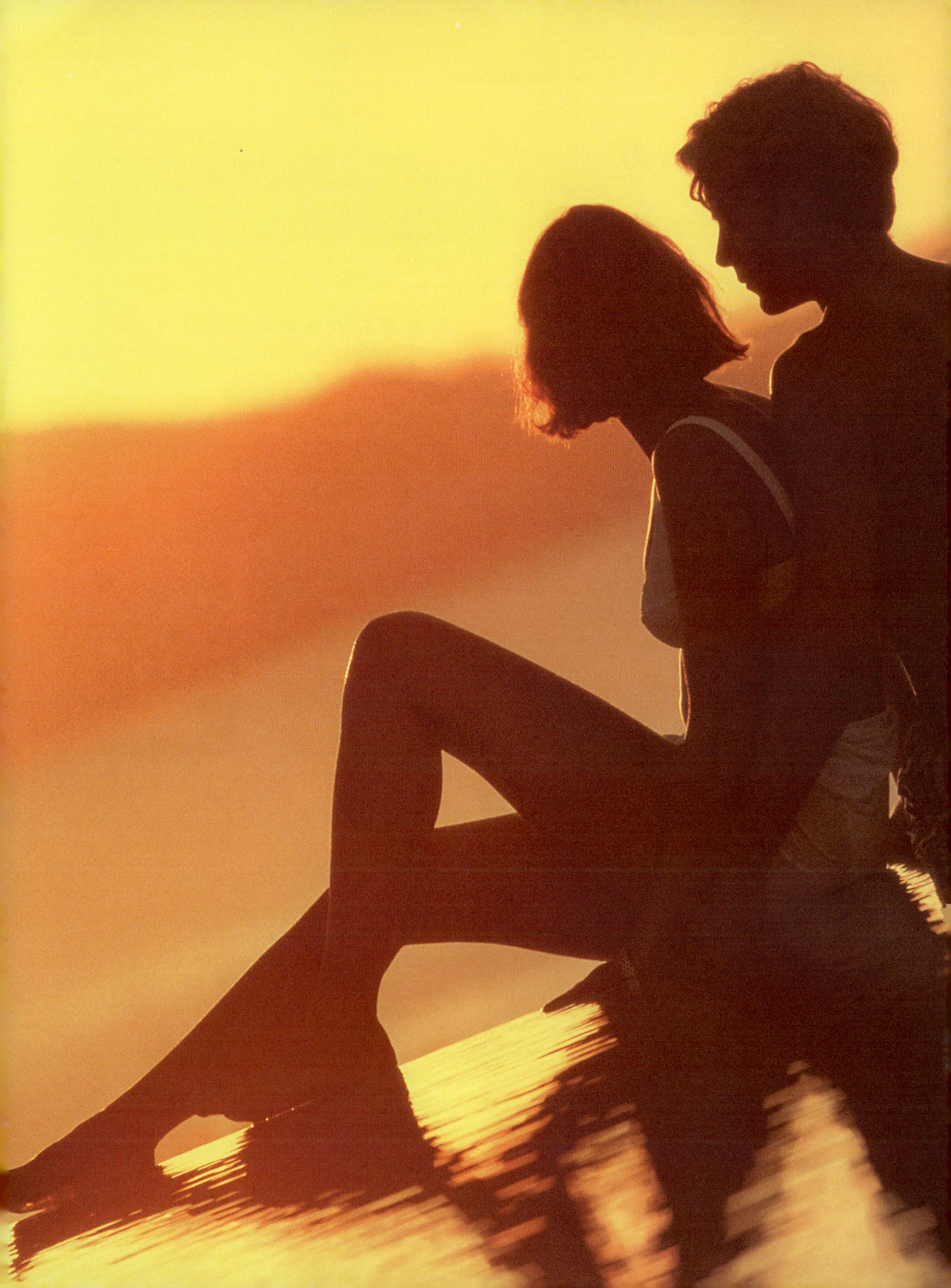

子どものための
色のケア

子どもはヒーラーそのものです。お子さんの具合が悪いとき、診断や療法にあなただけで悩む必要はありません。病気でベッドに寝ている子に、ただざまざまな色を見せて、一番好きな色を選ぶように言ってください。子どもは必ず、自分の回復に必要な色を選びとります。生まれ出たままの、曇りない直感を働かせるのです。自然に、自分にとって正しい方へ向かいます。大人の私たちが特定の病気や症状に同調する色を知るには、意識的に波動を聞き分けなければなりません。耳を傾ける人なら、誰でもヒーラーになれます。按手(病人に手を当てる療法)だけがヒーリングの方法ではないのです。あなたのお子さんの言うことに耳を傾ければ、どんな色の助けが必要かを直感によって教えてくれるでしょう。

お子さんといっしょに、簡単なテストを行ってみましょう。まず、集められるだけの色を集めてください。クレヨン、紙、カードのセット、布の切れ端などどんなものでもけっこうです。あるいは、装飾品店からカラーカードを一揃い買ってきてもいいでしょう。子どもが色を1つ選べるように、全部まとめて箱に入れます。子どもに一番好きな色を聞き、その色を食べ物や衣服、照明などに用いて、子どもの心身に作用するようにしてください。

色が子どもの心理に与える効果はたいへん強力です。ここでは子ども向きの用法を述べていますが、「色による指圧の仕方」(参照→p.108～113)や第2章の「色の心理学」から色を選んで子どもに使う場合は、量を控えめにすることを忘れないでください。たいていは、大人の半分以下で十分です。

心身全般の健康のために

病気の子どものための簡単で楽しい療法は、部屋を適切な色でいっぱいにすることです。これなら、全然痛くありません。子どもが熱を出したとき、電灯に青い電球を入れて一晩中つけておくといった方法なら何の危険もないでしょう。青は感染症やいらいらを静めるのに効果があり、熱を下げます。この手軽な「照明」は、子どもが病気のときや行動に問題があるときにお勧めできます。子どもをヒーリングカラーで包むには寝室の装飾も役立ちます。といっても、子どもが風邪をひくたびに寝室全体の色を変えるという意味ではありません。単にベッドリネンやラグ、カーテンなどの色を変えるだけで、必要なヒーリングパワーが得られるのです。クロモセラピーを行う場合は、どんな症状に関しても、適切な色を注意深く選び、子どもが色に当たる時間の長さに気をつけなければなりません。

くすんだベージュや茶の寝室に寝せると、子どもはとても重苦しい気分になります。10歳以下の子どもにとって、茶色は抑圧的な色です。感じやすい子どもがいつも茶色やダークベージュに囲まれていると、無気力で内向的になり、気分がふさぎ、元気なくじっと座り込んで過ごすようになりがちです。大人と子どもがいっしょに過ごすリビングエリアなら茶色もけっこうですが、幼い子どもの寝室には向きません。幼い子どもが好きなのは、ピーチ、青、スプリングイエロー、暖かいクリーム、ピンクなどのソフトな色です。子どもが青を好む場合は、寝室にはピーチピンクとクリーム色を加えてバランスをとってください。暖色系の色を好むなら、ラベンダーやライラックも入れて、同じくバランスをとります。黄色は集中力を高めるのに役立ちますが、8歳以下の子どもにはごく淡いシェードだけしか用いてはいけません。10代になったら、試験の時期などに黄色を濃くして集中力を強めてもいいでしょう。

LEFT 左
子どもが熱を出した場合は、照明に青い電球を入れると鎮静効果があります。

RIGHT 右
子どもの寝室には、暖かいクリームや青などのソフトな色が理想的です。

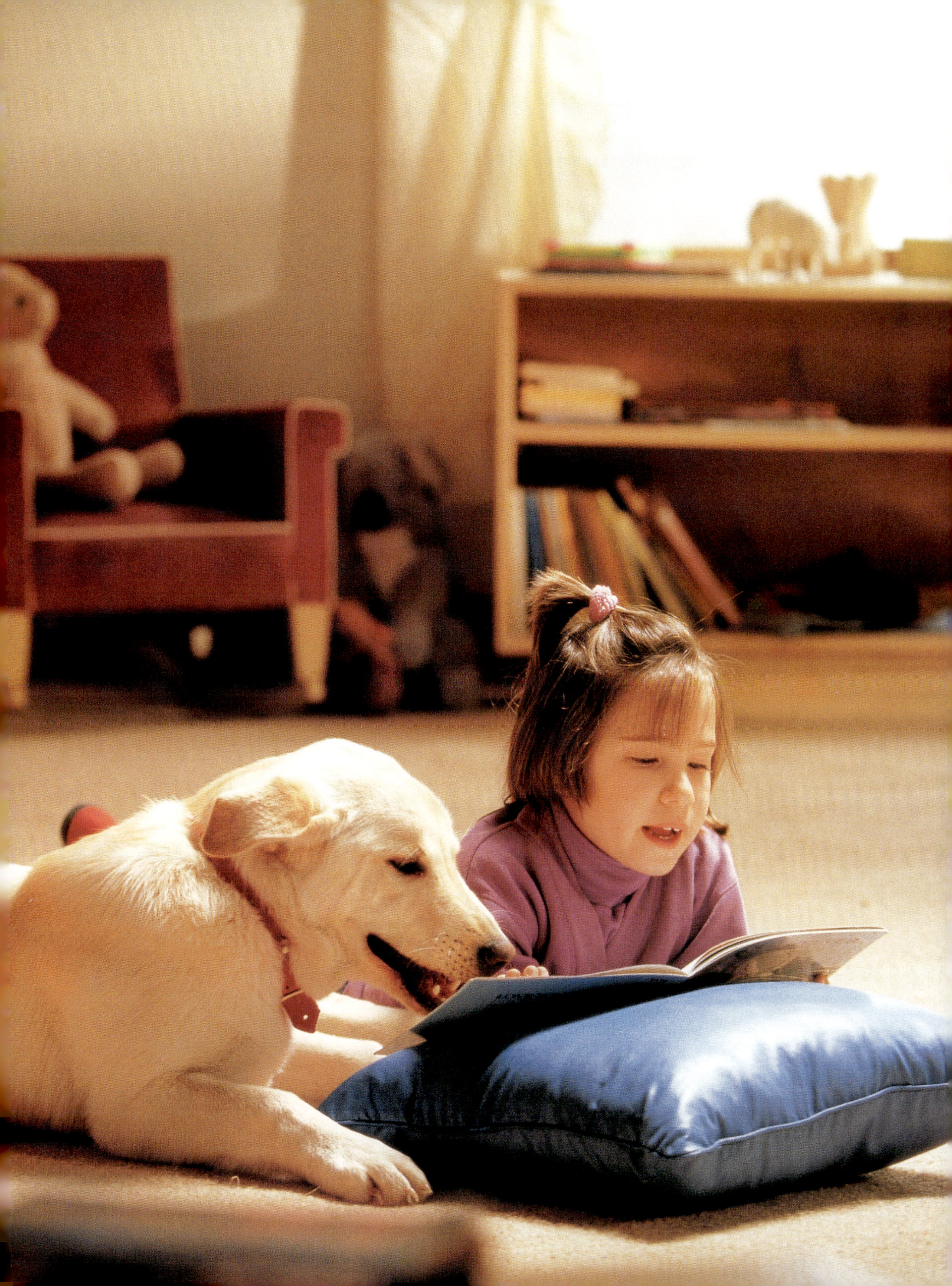

ABOVE 上
ピンクに接すると、無条件の愛が流れ入り、
心の底にある愛への願望が満たされます。

受胎、妊娠と不妊：
ピンクと黄色、オレンジと赤

　母になろうとする人は妊娠への準備をしなければなりません。この準備は、植物の種を播く前に土壌の準備をするのに似ています。女性はときどき自分には妊娠するだけの力がないと感じることがあります。そんなときがピンクの出番です。ピンクは女性の生殖機能と結びついているのです。濃いローズピンクがないと、愛らしさや女性らしさのない不毛な気分になることがあります。この色を身に付け、食べ物をとり、部屋の壁やシーツに使ってください。性的欲求が起こってくるでしょう。ある女性に濃いローズピンクを黄色と組み合わせて使うようアドバイスしたら、1年とたたずに妊娠しました。黄色は自分が愛される存在であるという認識を持たせ、神経系にもいい影響を与えます。黄色は目的達成を助けるのです。少量のモーブを使うのも受胎を促すのに有効です。

　男性の不妊に効果のある色は、適量のオレンジと赤です。インポテンツにも効き目があります。赤は男性の生殖能力を促進するのです。もうすぐ父親になる人の出産間近の不安をなだめるには青が役立つでしょう。

　妊娠した女性は青に引かれます。恐れを追い払ってくれるからです。母の子宮の中で、胎児には青が見えるといわれています。

新生児と幼児：白

　たいへん興味深いことに、透明なシルバーホワイトの母乳の色は、赤ちゃんにしばらく前までつながっていた霊妙な糸、霊的な世界との絆の色と関連しています。白はすべての色を含む唯一の色です。生まれたときから、母なる自然は私たちの口を通して生き延びるための糧を注ぎ込んでくれます。すべての色を、正確にバランスのとれた量で。自分で完全な色の食物を選ぶには幼すぎる間、母親がちゃんと与えてくれるのです。ですから、乳児をあまりにも早く乳離れさせるのは感心しません。授乳期間は少なくとも4〜6ヶ月必要です。

　赤ちゃんに白い服を着せるのは習慣になっていますが、その理由が「無色」だからという考えは誤りです。白はじつに的確な選択ですが、理由はその中に全色が含まれているからなのです。赤ちゃんの周囲の装飾にはほかに、淡くソフトな色を使うのもいいでしょう。たとえば、ピンク、青、ピーチ、ナイルグリーンなどです。けれども、真っ白は負担がかかり過ぎますのでお勧めしません。白い塗料を使うのはかまいませんが、壁にはパステルカラーのシェードを用いてください。また、赤ちゃんに休息をとらせたいなら赤は決して使わないでください。赤ちゃんには出産時のトラウマがありますので、育児室に強い色を使わなくても刺激やショックは十分です。

　アメリカで行われた実験では、誕生時に黄疸の症状があった赤ちゃんに青い色を浴びさせたところ、大きな効果がありました。この療法を受けた赤ちゃんは少なくとも30,000人に及び、新生児にも色の治療が役立つことを例証しています。

ABOVE 上
白でくるまれた赤ちゃんは、
限りない解放感と
調和に包まれます。

RIGHT 右
白いバラはすべての色を
受け入れ、えり好みをしません。
平和のシンボルです。

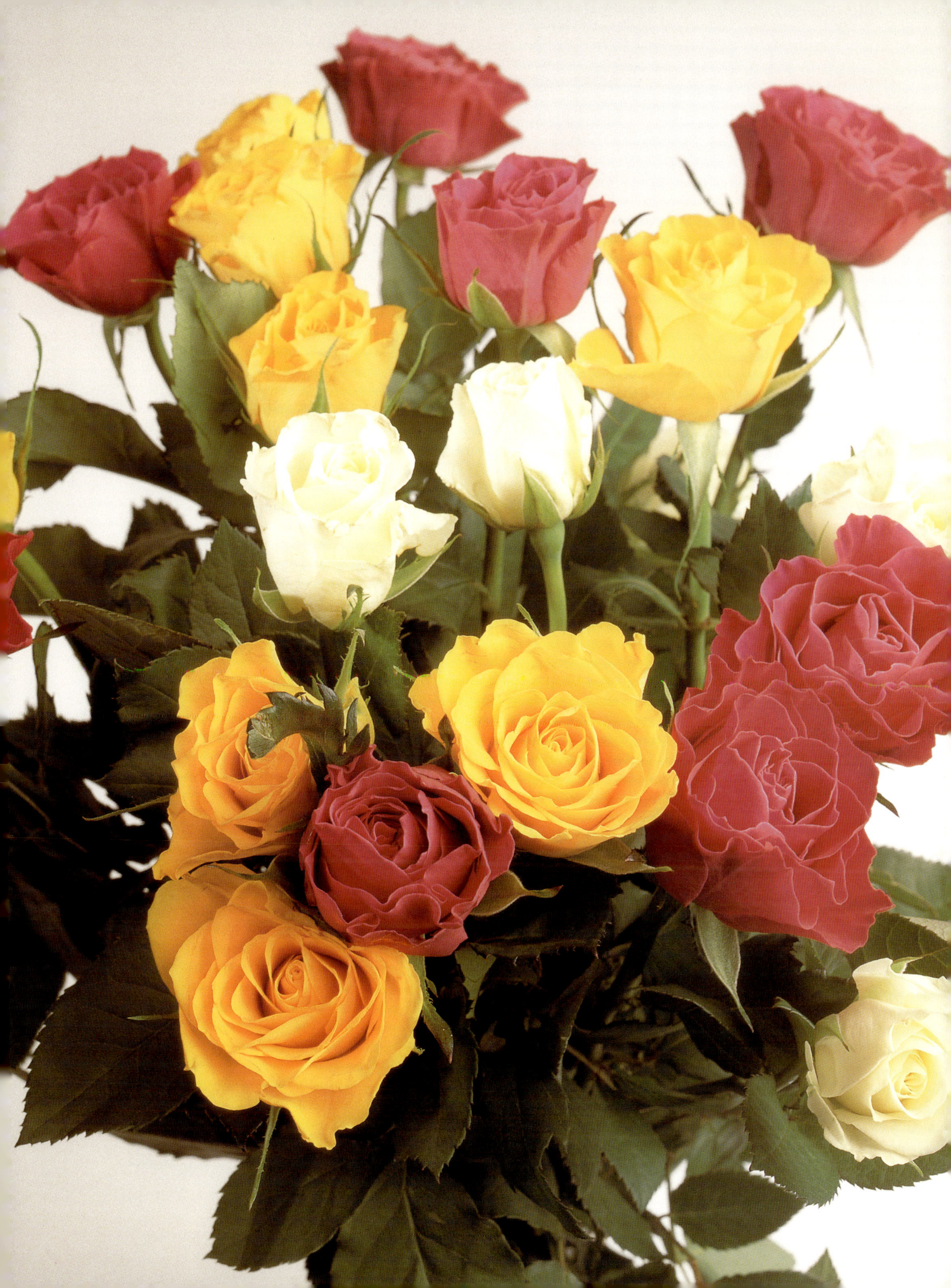

LEFT 左
女の子向きのピンクは陰、男の子向きの青は陽。永遠の対照です。

生後18ヶ月まで：ピンクと青

　体の外に着けるものが内面にも伝わるということを、ぜひ覚えておきたいものです。ピンクは生まれてから18ヶ月までの女の子に向く色です。明るくソフトなピンクは、子どもの愛と子ども特有の恐れに対する保護を表します。よく泣く男の子にも、ピンクのものを着せると落ち着きます。男の子に向く色はソフトな青ですが、男の赤ちゃんが攻撃的な場合は、ピンク色のものにくるむといいでしょう。女の子がほかに理由もないのに泣きやまないときは、青いものを着せるとバランスがとれます。ピンクは陰、青は陽、それぞれ女性的な要素と男性的な要素です。ピンクは子どもが愛のやりとりを学ぶ助けとなり、さらに自分自身と人類を愛するよう促します。男の子も女の子も、幼児期にはピンクと青のバランスをとることが大切です。
　青は、乳歯が生えるときの不快感をなだめるのにとても効果があります。涼しさをよび、睡眠を助けます。吐き気や熱にも青が役立つことを忘れないでください。

2～4歳児：薄緑

　18ヶ月を過ぎ、自分で動いて周囲の世界を学び始め、親を質問攻めにする頃には、ソフトなアップルグリーンを着せてもいいでしょう。この時期は好奇心いっぱいで何でもすぐ手にとるので、子どもの手の届くところには何も置けません。意思決定の能力が育つ極めて重要な時期です。子どもの中に自信が芽生える大切なときなのです。この頃に自分の周囲を探検し、体験させてもらえないと、十代になっても自分のなりたいものややりたいことを決められないでしょう。人生の初期のこの段階で、新芽やつぼみのように、子どもは自分で動きながら成長を始めますので、土壌の味や手触りを感じさせてやりましょう。自分で判断することを知り始めているのです。薄緑は安定剤です。淡いレモンも知性の発達を助けます。黄色は子どもが求めている知恵を表します。よちよち歩きの子どもには、かわいい黄色のおもちゃをあげましょう。とても幸せな気持ちにさせるはずです。
　話し始めたら、青いものをたっぷり与えてください。青は喉のチャクラと関連していますので（参照→p.98～99）、喉のあたりに集中的に使いましょう。話す能力を促進し、発達させます。青はまた、皮膚が弱い子どもや軽い発疹のときには、清涼剤として大きな効果があります。不運にも日射病になった子どもには、ダークシェードではなく淡い青から藍色がかったブルーベルブルー程度の青で、発赤と炎症を静めてください。けれども、子どもが激しい痛みを感じているときは、濃い青か藍をしばらくの間用いてください。
　少し大きくなった4、5歳の子どもで、傷つきやすく元気がないなら、ソフトな緑をピンクといっしょに使ってください。この色は自信を強めます。この年齢の子どもが、攻撃的なふるまいを見せ、友達にかみついたりするような場合も、ソフトな緑を使いましょう。欲求不満をやわらげます。子どもが何をするにもまだ親の方をうかがうこの短い緑の時期を楽しんでください。心地よい春は、あっという間に過ぎ去ります。

ABOVE 上
淡い黄色は幼児の知性の発達を助け、薄緑は気質を安定させます。

RIGHT 右
万華鏡のようなカラフルな色使いが、子どもの潜在的能力を十分に発達させます。

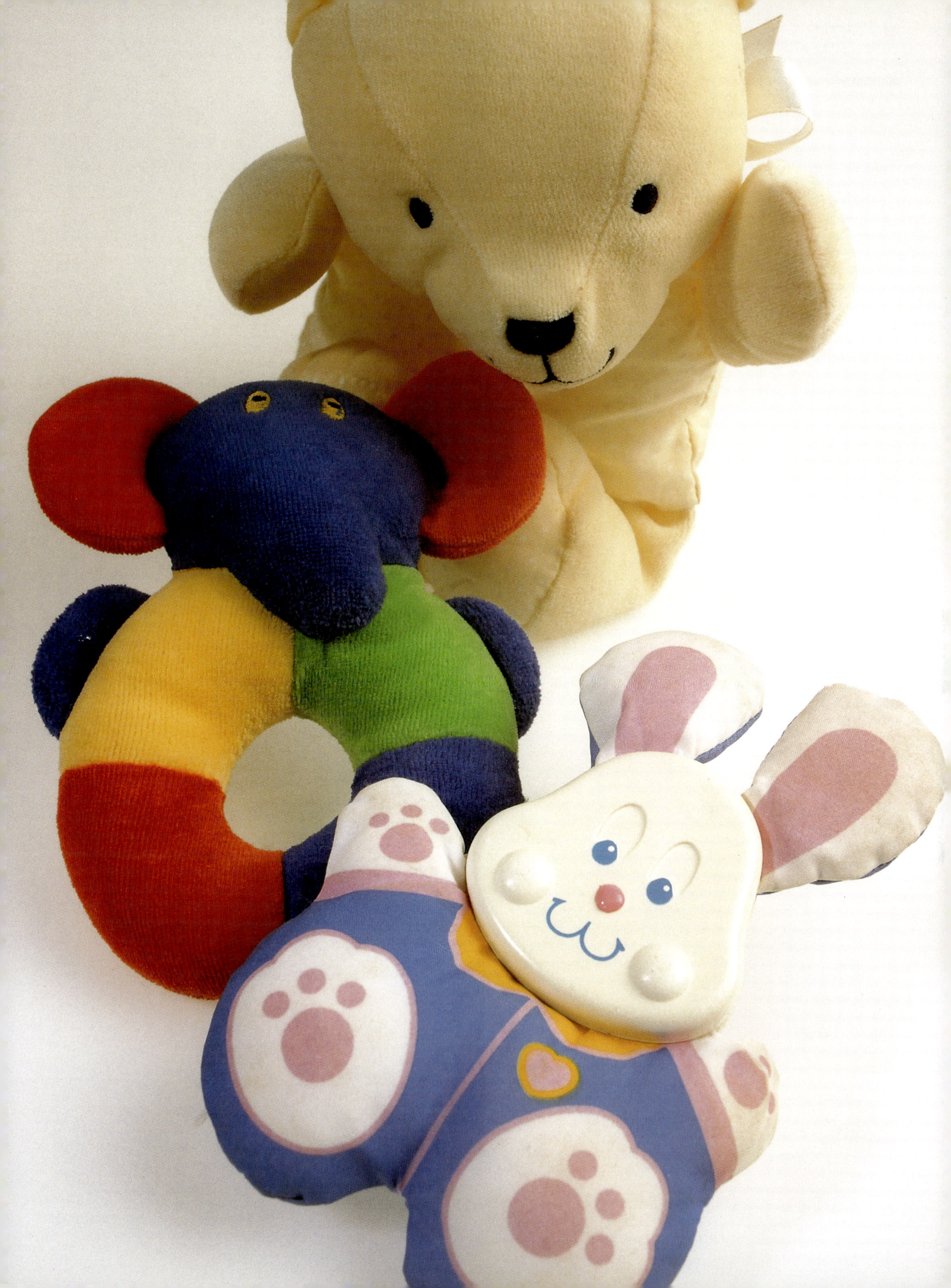

就学期：オレンジ

　オレンジは学業に役立ちます。学校へあがる年齢になったら、自信をつけさせるために、淡いピーチを少し取り入れましょう。この時期の子どもは「先生は何でも知っている」と考え、先生の受け売りをしながら、自分でも大胆に外の世界の探検に乗り出します。気の弱い恐がりの子どもは、安心感と勉強への興味を与えてくれるピーチが大好きです。子どもが色に無関心な場合は、小さな子にはピーチを、12歳ぐらいの少し大きな子にはオレンジを用いてください。これらの色によって子どもは能力を伸ばし、視野を広げる機会を得ます。オレンジはまた、強さと勇気を与えます。けれども装飾や衣服に取り入れるのは控えめにして、子どもを元気づけるのに短期間だけ使うようにしてください。

　ピーチは薄められたオレンジで、白を含んでいます。幼い子どもには濃いオレンジは負担がかかりすぎ、情緒と精神面で早すぎる成熟を促されます。子どもらしい体験をしそこなうと、あとになって、とくに40代や中年の危機の頃に問題が起こるでしょう。このように子どもに無理をさせることもある色ですが、学習障害のある子どもへのセラピーでは、オレンジが大きな効果をあげました。オレンジは人生の視野を広げます。セラピーでは、進歩の遅い子どもを刺激するために、オレンジのカーテンやクッションが用いられました。遅れの度合いによっては、オレンジを身に付けさせてもいいでしょう。

　失読症の子どもに色つきレンズの眼鏡を使わせる療法がさかんに研究されています。失読症にはさまざまな症状があり、それぞれ効く色が異なりますが、とくに読書障害には効果があります。

　明るくソフトな淡いピンクは、おねしょに効きます。おねしょは子どもが愛されていないと感じるときに起こります。この問題は女の子より男の子に多いことが知られています。自分自身を嫌う時期に、おねしょをするのです。最初からやり直すように、子どもに再びピンクを与えてください。ピンクは男の子が自分への愛を取り戻すのを助けます。気の毒なことに男の子には、生まれたときから甘えないようにプレッシャーがかかり、成長を妨げられながら少年になるのです。

　多動症の子どもは、興奮しているときには、明るくソフトな緑、青、すみれ色に良い反応を示します。緑とすみれ色は痛みや頭痛にも効く色です。こうした症状で寝込んだときには、ベッドカバーや寝巻きに使うといいでしょう。寝

ABOVE 上
子どもの成長に合わせて、それぞれの時期にふさわしい色のベッドカバーを選びましょう。

RIGHT 右
ピーチは、家庭内の問題で悩む子や、苦痛をおぼえている子どもをなぐさめます。

室をこれらの色で装飾してください。てんかんの子どもには、木の葉や草色の緑を、ソフトな淡いピンク、青と共に使います。激しい発作のときは濃く強い緑にしてください。この病気には色の呼吸法（参照→p.102〜103）が効果的ですので、やってみるよう勧めてください。

　病気や痛みの多くは心理的原因から起こります。子どもの病気の原因となるようなストレスや恐れを和らげるには、太陽の金色を用いてください。すみれ色（紫ではありません）は子どもを守る色として優れています。すみれ色を寝室の装飾や床、それに衣服に使えば、子どもを安心させるのに役立つでしょう。

　吃音の問題がある場合は、知恵の黄色と喉の青を使います。友達をつくれない子どもには、強いピンクかさくらんぼ色が友情を引き寄せてくれるでしょう。ピンクの服を着た人は、よく人から話しかけられるものです。自分でためしてみてください。確かに効果があります。

家庭崩壊：オレンジと藍

　4歳から8歳の間に両親が離婚すると、子どもは大きなショックを受けます。家庭の崩壊は生活全体の崩壊を意味するのです。両親がどれほど懸命に安心させようとしても、子どもはやはりある程度のショックに陥ります。何かを奪われたこの衝撃は、治療の際に軽視されがちなようです。子どもは、両親がいっしょにいないことを深く悲しんでいます。こうした子どもは10代になっても一様に、ママとパパはもう一度いっしょになってくれるだろう、という夢を抱いていることが確認されています。ショックを癒すにはカウンセリングが極めて重要ですが、そのほかにオレンジ色を使う方法があります。オレンジは子どもの崩壊した人生を再び統合し、状況に対処する力を与えます。

　子どもがあまり幼いと、両親が別れる理由を説明するのは困難です。4歳以下では、何かがおかしいと気づいても、何が起こっているかは理解できません。この年齢層の子どもには、たとえばピーチやタンジェリンのような、オレンジのシェードを用いてください。子どもの寝室をこの色で装飾します。果物のオレンジやニンジンを食べさせ、これらの色のものを身に付けさせましょう。この療法は破局後の最初の1年に行ってください。悲しみを癒し、愛されているという気持ちを回復させるために、ピンクを取り入れます。8歳以上の子には状況を説明してやれますが、やはり藍色を生活に取り入れ、心身と生活の建て直しを助ける必要があるでしょう。

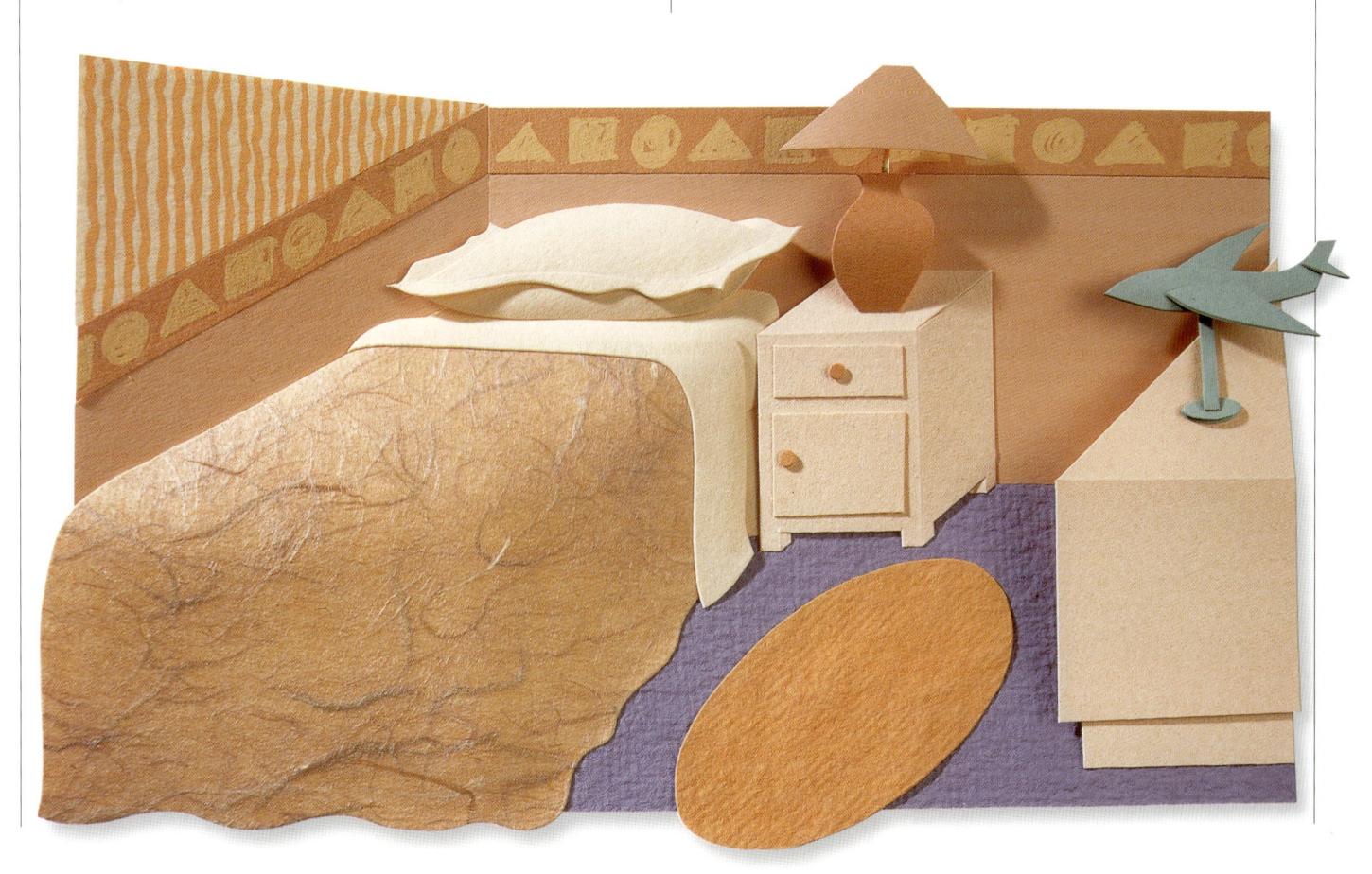

10代の子ども：黄

　半分大人で半分は子どもの状態にある10代の子は、心と体のバランスを習得しようと奮闘しています。「私はこうしたい」という主張が強く出てくる、人生の中でも利己的な時期です。他者の要望に注意を向け、両親ばかりでなく社会全体を相手に対等なやりとりを学ぶのは、この時期には困難なのです。途方にくれるのも無理はありません。ターコイズを少し取り入れると、10代の子どもが垣根を越えて大人になるのに役立つでしょう。ターコイズに含まれる黄は集中力に欠ける子どもの助けになります。この時期の子どもはしっかり自信をつける必要があります。また、反抗期の始まりでもあります。何も自分で決めることができないと、「何かに熱中する」という第二段階の発達が進みません。こういう子どもは、おそらく3〜5歳の頃に成長を抑圧されたのでしょう。そのために10代になっても自信がつかず、無力感をおぼえて苦しむのです。鮮やかな青は自信と落ち着きを与えます。心を平静にして、どうすればいいか見極める力を与え、行動の根拠が得られるようにしてくれるでしょう。スイセンの黄色も加えてください。この色は神経を強くし、明るい気持ちにさせます。けれども、10代の子にあまり強い黄を使って黄色漬けにしてはいけません。ドラッグへの興味を刺激しかねないからです。黄は知恵の色ですが、役にも立たないことへの関心が助長されるのは望ましくないはずです。藍色はドラッグの濫用に対抗する作用があります。藍はまた、骨格の色です。ドラッグが体の構造そのものにどのような害を及ぼすかを知れば、藍との関連が理解できるでしょう。

　10代半ばはまだ試験の多い時期ですので、ストレスが非常に高まることがあります。黄色は勉学に役立ち、試験前の追い込みに入ったプレッシャーの大きい期間に効力を発揮します。黄は集中力を高めるのです。気分を高揚させ、神経系にも作用して、青と組み合わせて用いればいらだった神経を静めるでしょう。座っている時間が長くなり、便秘に悩まされることもありますので、衣服や身の回り、食べ物に黄色を使ってください。くっきりしたすみれ色には、10代の子どもを守る働きがあります。進むべき道へ守り導いてくれるでしょう。

　この時期にはよく拒食症と過食症が起こります。拒食症には濃いオレンジと深い金色を、過食症には黄とすみれ色を用いてください。

BELOW 下
10代の日々は太陽のように快活です。
鮮やかな黄が喜びと笑いをもたらし、
さらにのびやかにさせてくれるでしょう。

LEFT 左
最後の子どもが巣立ったあとに訪れる、人生の新しい時期に対応する色は紫です。けれどもなめらかな移行のためには、ターコイズの助けを借りましょう。

両親のために —— 空になった巣：紫

　結婚などで子どもたちが巣立ったあとはターコイズの時期です。子どもたちはいまや自分の生活に忙しく、親であるあなたは取り残されたように感じているかもしれません。時代遅れで考え方も古く、何もわかっていないような気にさせられるのです。親が淡いピンクや青ばかりを好む場合は、子どもを手放したくないという思いを意味します。去っていくにまかせましょう。感情で縛り付けるのはやめることです。こうした親は感情面で子どもに頼っています。ピンクは幼い子どもの愛の色ですが、親の場合はしがみつくような息苦しい愛を意味することがあります。

　子どもたちはもう巣を離れ、自分の道を歩んでいて、戻ることはありません。それに「ありがとう」と言うのを忘れています。あなたに孫のおもりを頼むときでさえ、間違ったやり方をしないように、口やかましく指示を与えるのです！　変化の色である紫がこの時期に対応しますが、ターコイズを取り入れると、動じないで状況を検討するように働きかけてくれます。ターコイズは自分を知る助けとなり、結婚した子どもたちのためばかりではなく、祖父母となった自分自身のために、何が必要なのかを考えさせます。あなたには、人生の新しい段階、自分にゆるぎない信頼を抱く紫の時期への道がもう見え始めているのではないでしょうか？

⑤ カラーヒーリングと そのテクニック

カラーヒーリングが多くの人の関心を集めるようになったのはここ20年ほどのことですが、この療法にはじつは長い歴史があります。20世紀初頭に、医師のディンシャー・P・ガディアリ博士は、さまざまな色光による治療を行い、医療目的での色の利用を大きく促進しました。ディンシャーがスペクトロ・クロムメトリーと名づけたこの療法は、現在はクロモセラピーと呼ばれています。1903年には、デンマークの医師、N・フィンセンが光と色による病気治療に成功してノーベル医学賞を受賞し、カラーヒーリングという療法は栄誉に輝きました。フィンセンは、20,000人を越える患者が太陽光と人工紫外線による療法で回復したと報告しています。

本章で述べるように、病気は単なる肉体の機能不全ではありません。肉体は多くの場合、有機的な機械にすぎないものとして扱われます。けれども、人間の身体は、さまざまな要素が織り合わさり、結ばれて成り立っています。物理的な側面もあれば、純粋なエネルギーの面もあるのです。病気のとき私たちは、自然界の一部として自分の中に存在する大切な要素との結びつきを失っていることがよくあります。この自然との結びつきが弱まると、身体や精神が病気になります。そして、自己との関わりが次第に不安定になっていき、人生に何かが足りないという感じが続くのです。色は、不調和を発見するにもそれを正すにも極めて有効な道具です。

色の効力を健康と幸福に役立てる方法はいろいろあります。食べ物や飲み物として摂取したり、身に付けて目や肌から吸収したり、あるいは心の中でイメージしてもいいのです。または、家庭や職場の中をカラーヒーリングの効果に配慮して装飾し、照明することもできます。以下に述べるカラーヒーリングのテクニックを用いるときは、必ず第2章を参考にして適切な色を選んでください。

さまざまなカラーヒーリングのテクニックと道具

本章で詳しく述べる道具やテクニック以外にも、カラーヒーリングを行うための装置や方法にはさまざまなものがあります。「カラー・リフレクソロジー・クリスタルトーチ」（参照→p.143「問い合わせ先」）のような懐中電灯や明滅灯を使えば、指圧をするときに、適切な色の光線をつぼに照射することができます。ジャグジー・バス（泡風呂）を水中か頭上からの色光で照明すれば、水と色の振動が一体となって作用し、このうえなくリラックスできるでしょう。また「オーラ・ソーマ」（参照→p.143「問い合わせ先」）で作っているような瓶詰めのカラーリキッドは、いくつかのメーカーのものがあり、カラーリーディングや治療に役立ちます。

色を使ったソルトマッサージは、麻痺した四肢を活性化させるのに使われ、効果をあげています。海塩を入れた白い亜麻布の袋に、スポットライトで色を注ぎ込み、その袋で麻痺した部分をそっとマッサージします。麻痺以外の病状についても、その袋でのマッサージを全身に適用できます。また、色のついたシルクで体をおおうのは、心身を純粋な色の振動に包みこむすばらしい方法です。疱瘡（ほうそう）にかかった人の患部を赤いシルクで包むと傷跡が小さくなることが数世紀前に発見されました。シルクを使った療法の効果のほどを示しています。四角く切った小さな緑色のシルクを、座っているとき後頭部に置くだけのことで、緊張やプレッシャーが軽くなります。

RIGHT 右
色光は、効果の高い強力なヒーリングの道具です。

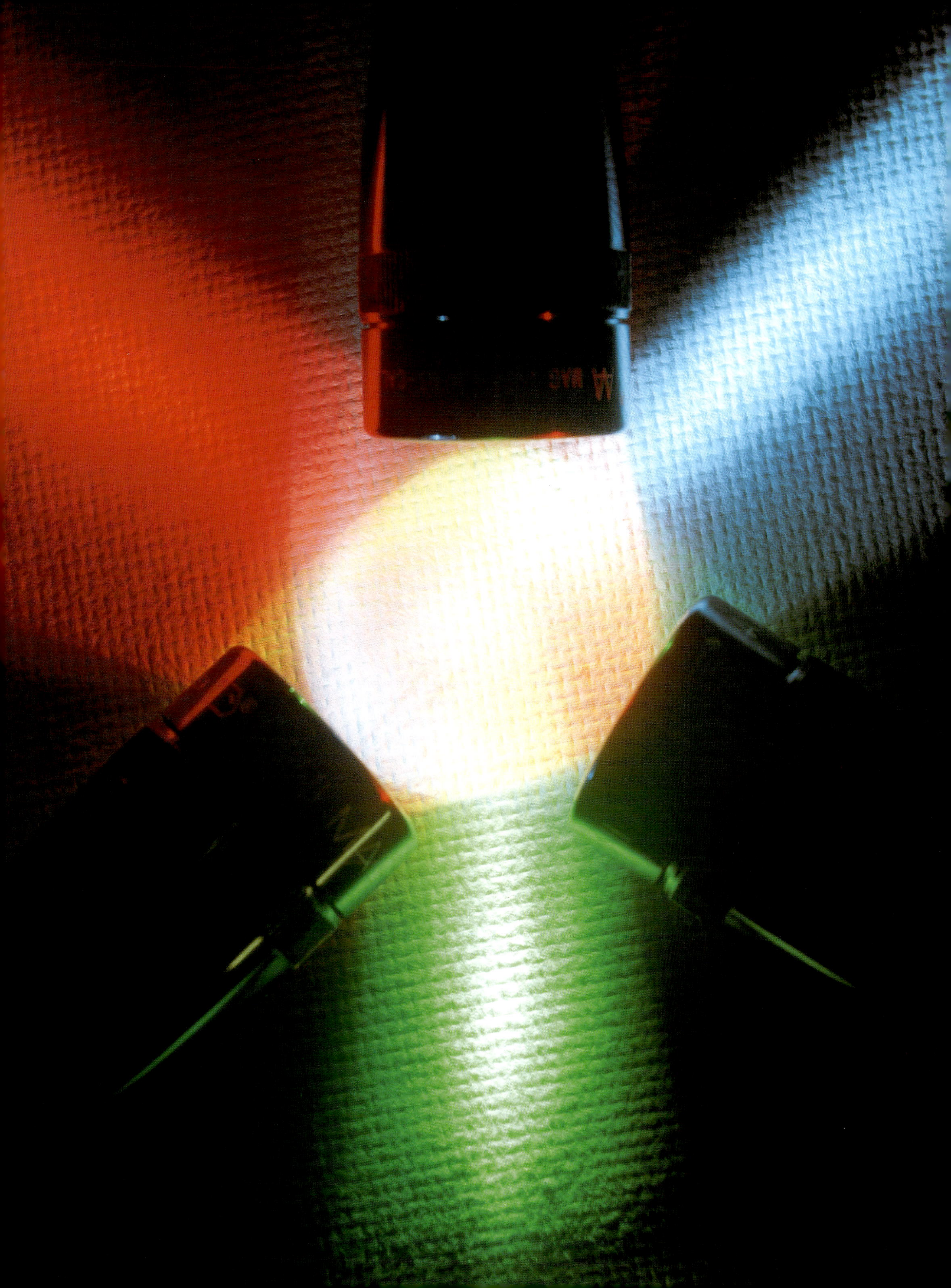

エネルギーヒーリング

最近では、西洋の社会でも人体はただの骨と肉以上のものだという考えが受け入れられるようになってきました。人体を成り立たせている要素には、エネルギーとしての性質をもつ成分もあり、そこには宇宙のエネルギーが現れているという見方です。鍼、指圧、レイキ（霊気）、按手（あんしゅ）などのヒーリング法はすべて、身体のエネルギーの流れに外部からの干渉によって良い影響を与えることができるという考えを前提としています。つまり、人体のエネルギーは、内と外の両方へ向かって身体機能に影響を与えるという信念に基づいているのです。

ここまでの各章で明らかになったように、色のエネルギーは、人間の身体が進化してきた環境の一部です。そればかりでなく、色は私たちの生命を脅かすことのない可視スペクトルというごく限られた領域内にあります。ですから、私たちの身体が色と密接な関係を持っているとしても驚くにはあたらないのです。色と体の関係の本質を明らかにし、身体を調和と均衡のとれた健康な状態に保つための色の使い方を見出すことが、何世紀もの間、カラーセラピストや研究者が追求してきた課題です。

では、エネルギーとは何でしょう？　わからない、と答えるしかありません。科学的にも解明されていないのです。熱や光、原子力などとしてエネルギーの属性を計量することはできますが、それが何であるかを明確にすることは到底できません。同様に、エネルギーによるヒーリングを行

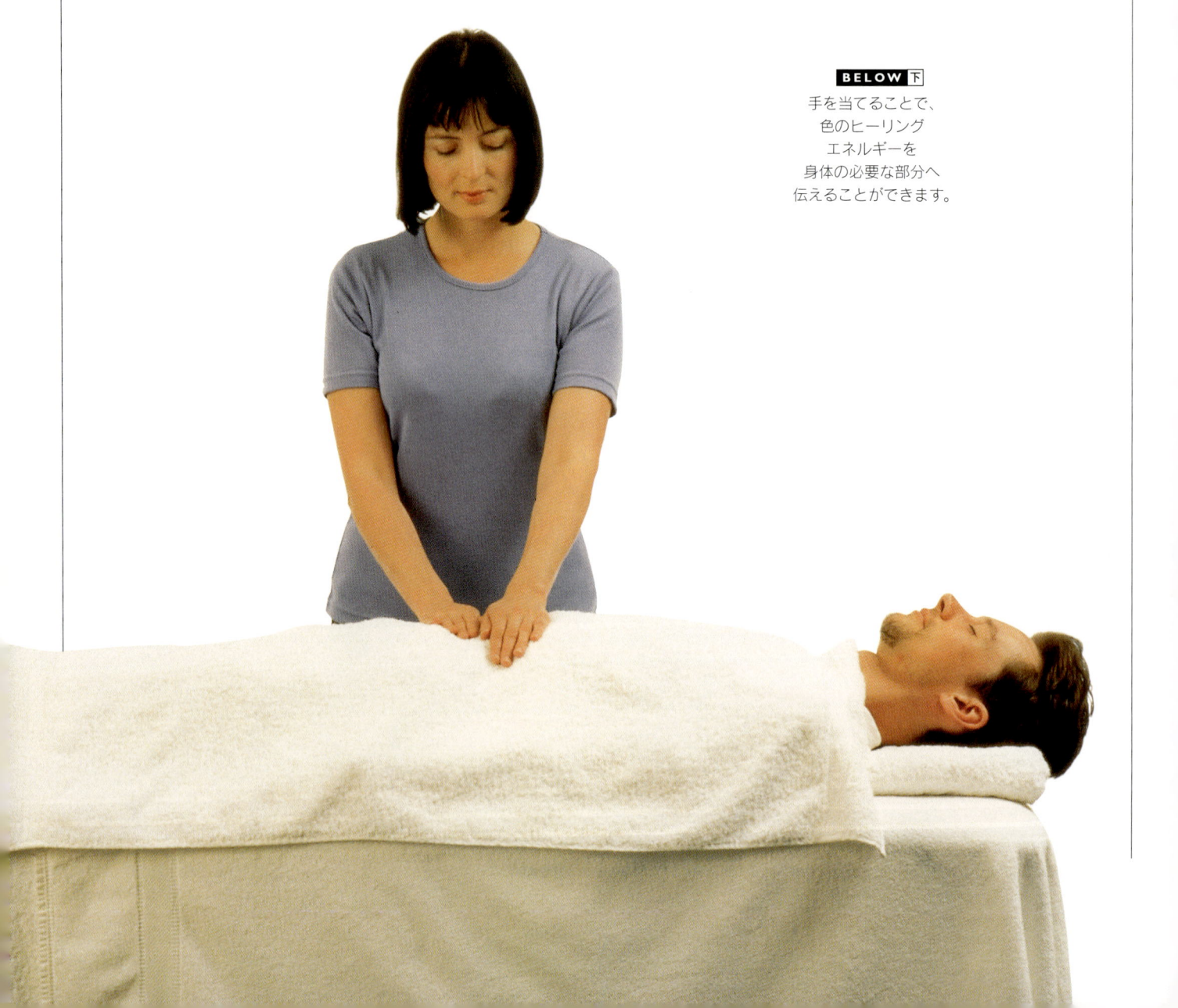

BELOW 下
手を当てることで、
色のヒーリング
エネルギーを
身体の必要な部分へ
伝えることができます。

っているときにも、その効果は観察できますが、何が起こっているかを明確に説明することはできないのです。治療効果の受けとめ方は、何を調べるかである程度違ってきます。鍼治療師は、体内を流れるエネルギーの道筋、経絡を調べます。経絡は何百年もの治療の実践を通して明らかになったもので、それぞれに固有の色があります。鍼治療師は、経絡上の特定の位置に鍼を打てば目に見える影響を身体に与えることを知っています。指圧の原理も同じですが、こちらは鍼ではなく圧力でつぼを刺激します。マッサージのテクニックを使うほかの療法も基本的には同じ原理によって効果をあげるのです。

　身体のエネルギーの流れを理解するにはまた、オーラを見て研究するという方法があります。ヒーラーによって見えるオーラがわずかに異なりますが、本質的にはオーラは肉体を越えて広がる身体のエネルギー場です。多くの場合は気分や精神状態、また、これが重要ですが、健康状態に即していくつもの色が見えます。オーラを見るセラピストの診断によって、肉体やエネルギー体に必要な治療を行うことができます。こうした治療に高い効果があることは、奇跡のような何千もの治癒例によって証明されています。

　さらにまた、チャクラによって体のエネルギーを理解する方法もあります。チャクラは、それぞれの色をもった「7つの中心」として知られる東洋の概念で、多くのヒーラーに用いられています。背骨から首と頭へ伸びる線上にあり、それぞれレベルの異なったエネルギーの焦点です。健康のためには各チャクラのバランスが必要と考えられています。各チャクラの色については、精妙なエネルギーのパターンを回復させるプロセスとともに、のちに詳しく説明します。

　カラーヒーリングは、本書で述べるように、エネルギーヒーリングという大きな領域に含まれ、その一部として重要な位置にあります。続く節では、エネルギーヒーリングの効果と、生活のさまざまな面にこの療法を応用して、より健康になるための実践法を示します。オーラ、色のイメージ（視覚化）、食べ物と飲み物、照明とクロモセラピー、それに直感による診断などはすべて、エネルギーレベルでの癒しに色を利用する方法です。

RIGHT 右
色を用いる指圧の10の身体部位

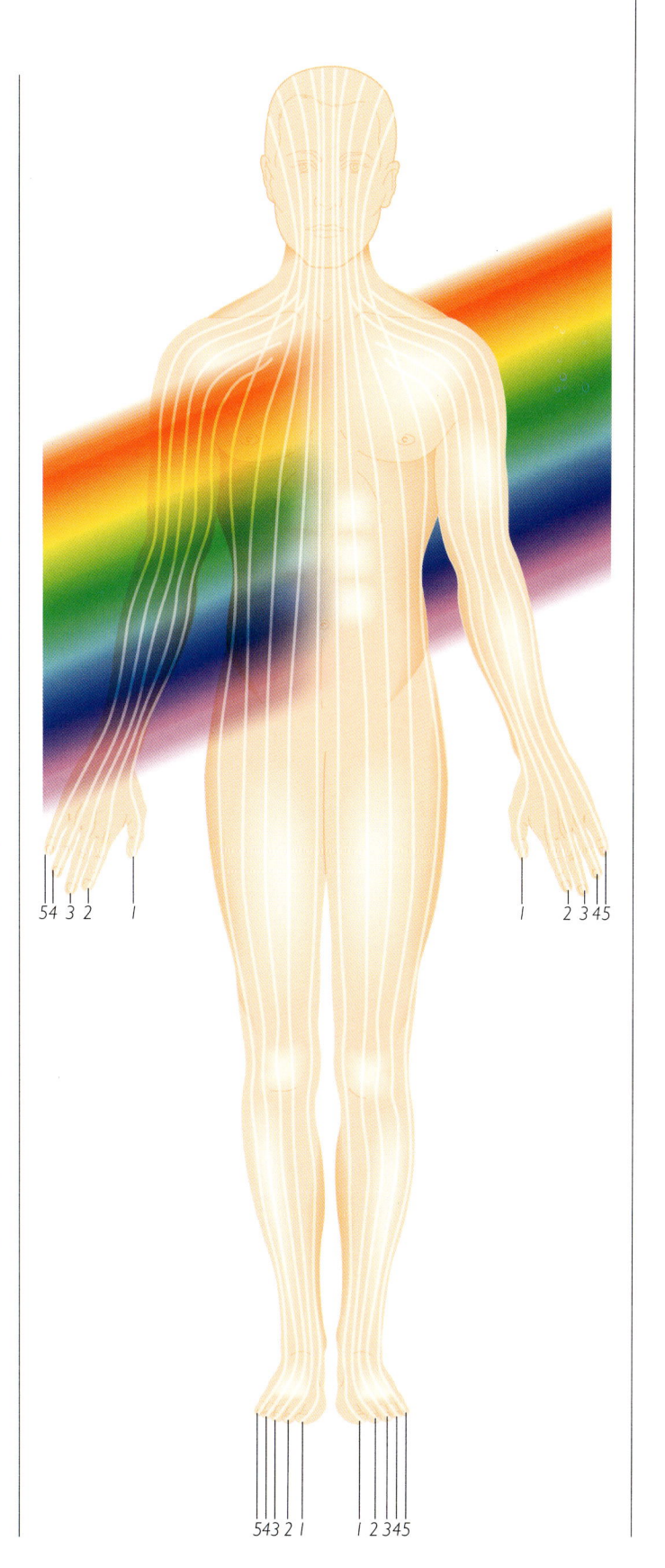

オーラ

「オーラ」という言葉は、「色」と必然的に結びついています。オーラは、見る人、または感じる人に多様な色として映るのです。その色彩には意味があり、身体のどの部位と関連するかによって異なります。色の意味は、コンサルタントとして見る人の能力の種類によっていくらか違ってくる傾向があります。オーラの解釈は、ある程度はそれを見る「霊視者」がそれぞれの経験を通して獲得していくものなのです。

オーラとは正確には何なのでしょう？ 大部分の定義は、人間や動物、はては生命のない物体をも取り巻くエネルギーの場であるとしています。霊視能力者によれば、このエネルギー場は身体や物体の内側から発して外へ広がり、肉体、精神、感情、霊性のすべてのレベルにわたって存在を包み込んでいるといいます。オーラはいくつものエネルギーの層から成り、それを発している体に近い部分ほど濃密です。体から1メートルを越える範囲まで広がっているようです。身体の回りに漂う微光を放つ霧のように見えることもあれば、皮膚からタンポポの冠毛のような形でもれ出る色光として見えることもあります。また、白光、薄光、色光などの光線となって身体から流れ出ていることもあります。オーラに表れる光は、各チャクラ（参照→p.98～99）のエネルギーレベルに相応します。

オーラを見る場合、健康状態は色の純度で判断します。くっきりとして明るく強い色は健康なしるしです。くすみのある濁った色は健康状態が悪いことを示しています。病気は、黒い断片や斑点として表れることが多く、たいていは患部のあるあたりに見えます。オーラ全体が暗いケースでも、強い直感の働く霊視者は、どこに問題があるかを感じ取ることができます。

感情の状態もやはりオーラの色に表れます。けれども病気と違ってとくに治療をしなくても、感情が変化すれば色も変わります。赤と黒は、多くの場合怒りと結びついています。緑がかった茶はだいたい嫉妬を表します。グレーは抑圧と恐れを意味することがあります。ほかに、その人の個性に従って、あまり変化しない色が流れ出ているのも見えます。気位が高く野心のある人はオレンジ、情熱と愛の人はクリムスン、知的な人は黄、霊性の強い人はダークブルー、そして、気高い理想を抱く人は明るいブルーのオーラを放射しています。また、あまり望ましくない性格上の特徴にもそれぞれ共通する色が見られます。くすんだ茶色のオーラは貪欲、グレーがかった緑は狡猾さと虚偽、そして

BELOW LEFT 左下
オーラに紫が見えるときは、自己強化の機会が間近に迫っているかもしれません。オレンジが、必要な変化を促すでしょう。

BELOW RIGHT 右下
赤と緑の組み合わさったオーラは、自分を犠牲にして他人に尽くす女性に現れます。

グレーがかった茶は利己主義を表します。明るい緑のオーラが見える場合はヒーラーの能力があるという意味です。

表面上ではどんな人格を装っていようと、オーラにはその人の真の人格が表れ出ます。私たちはみな、意識できるとできないとにかかわらず、人が放射しているものを感じる力を備えています。たとえば、誰かに会って、その人がどこか見かけどおりの人ではないという気がするときは、オーラを読んでいるのです。いわゆる「見えない」オーラは、いつも私たちに先立って動き、誰かに出会うときも、意識より先に互いを感じ取っています。

オーラを見る

意識の上でオーラを見るための簡単なエクササイズは、いっしょにエクササイズをする人の頭の横を見ることから始まります。目の焦点はぼかしておいてください。ほとんどの人が最初に見るのは、頭部を3～4センチ幅の帯状に取り巻く明るいグレーか銀色のオーラです。これは身体の電気の働きに関係しています。この放射を知覚することができたら、あなたも霊視者といえます。この層だけからでも、その人の健康状態についての情報の一端を得ることができます。鮮明で明るいグレーは全般的に健康な状態を示します。黒や濃いグレーはエネルギーが不足している状態です。この色が見えたら、本書にこれまで述べてきた方法で赤を取り入れ、心身を元気づけてください。初心者の場合は、

オーラを見る

白は夫婦に宇宙の祝福を注ぐ

オレンジは暖かさと寛容を表す

黄色は計画を練っている思考活動をさす

少量の紫は仕事の計画の一時的な保留を示唆する

ターコイズは間近にある一対一の関係をさす。親密な関係にのみ関連する色でこの場合は結婚

白を背景にするとオーラが比較的見やすくなります。

チャクラの一部に生じている障害がオーラから感じ取れることもあります。必要なら「チャクラのカラーバランシング」（参照→p.98～99）に紹介する方法で、チャクラのエネルギーを活性化してください。オーラを見る自分に合ったやり方を獲得するには練習が必要です。いつかは色が見えるようになりますが、多くの人は目に見るのではなく「感じ取る」ことになるでしょう。オーラの色が示す意味について、詳しくは、第2章の内容を参考にしてください。では、ご健闘を！

LEFT 左
緑はヒーラーとしての能力があることを示しますが、ターコイズを伴っているので、まず自分自身を癒す必要があることを暗示しています。

ABOVE 上
人生の岐路にさしかかったとき、オーラを読むことで、とるべき道への明確な指針が得られることがあります。

チャクラの
カラーバランシング

チャクラは、体内にあるエネルギーの7つの中心点です。体にはほかにもたくさんのチャクラがありますが、主要なチャクラは脊椎の基底から頭頂までの間に位置しています。チャクラとエネルギーの中心という概念は、心と体と霊が地球と宇宙のエネルギー場の一部として存在していることを理解して初めて把握できます。けれども、宇宙のエネルギー場の中で、まぎれもなく個別の在り方をしているのです。次元もレベルも異なっていながら相互に通じ合うこれらのエネルギーには、宗教や哲学ごとに違った呼び名があります。エネルギーが、熱、光、慣性、速力、その他さまざまな形をとるとすれば、次のように考えていいでしょう。肉体と精神、それに感情や霊性を備えた私たちも、レベルの異なった多様なエネルギーが集まった存在であり、適切な方法を用いればそのエネルギーは意識的にコントロールできる、と。

チャクラ	分泌器官	色
頭頂のチャクラ	松果体	紫
額のチャクラ	脳下垂体	藍
喉のチャクラ	甲状腺	青
心臓のチャクラ	胸腺	緑
太陽神経叢のチャクラ	脾臓	黄
仙骨のチャクラ	副腎	オレンジ
基底のチャクラ	卵巣／精巣	赤

RIGHT 右
脊椎に沿ったチャクラの配置と対応する色、及び分泌器官。

頭頂のチャクラ
松果体
紫

額のチャクラ
脳下垂体
藍

喉のチャクラ
甲状腺
青

心臓のチャクラ
胸腺
緑

太陽神経叢のチャクラ
脾臓
黄

仙骨のチャクラ
副腎
オレンジ

基底のチャクラ
卵巣／精巣
赤

私たちの中にあるさまざまなレベルのエネルギーの中には、色と共通性があり、事実、色と結びついたエネルギーの「スペクトル」があります。スペクトルの一端にあるのは、密度の高い、純粋に肉体的なエネルギーです。このエネルギーは物質界と生殖に関わり、赤と関連していて、しばしば「濃密」と表現されます。もう一方の端のもっとも「高次」のレベルにあるのは霊的エネルギーです。明るく精妙で純粋なこのエネルギーは、日常生活の喧騒の中では見過ごされがちで、紫と関連しています。これらのエネルギーの間にレベルの違う5種類のエネルギーがあり、それぞれ、人生の別の面に関係しています。赤、オレンジ、黄はより粗大なエネルギーと考えられ、それにひきかえ青、藍、紫は精妙です。中間にあって中立的なのが緑です。これらのエネルギーはそれぞれ身体器官と関連し、対応する色があります。スペクトルに従って、最も長くて遅い波長の赤は最も低いレベルの身体エネルギーと結びついています。結びつきはレベルの高いエネルギーまでとぎれることなく、紫は最も高次で速い霊的エネルギーに相当します。

チャクラの位置をチャートに示し、色とそれに対応する分泌器官をあげました。脊椎上のチャクラは人間の各種の性質とも結びつき、関連するチャクラのエネルギーを高めることで、各性質を強めることができます。各チャクラに表れる性質は以下のようなものです。

赤 基底のチャクラ：性衝動、生存、生殖
オレンジ 仙骨のチャクラ：「直感レベル」の感情、創造性
黄 太陽神経叢のチャクラ：自尊心、人間関係、社会的地位
緑 心臓のチャクラ：愛、自己受容、他者の受容
青 喉のチャクラ：自己表現、意見の主張
藍 額のチャクラ：直感、洞察
紫 頭頂のチャクラ：宇宙とのつながり、霊的通路、理解

脊椎のチャクラのエネルギーを強める

チャクラはよく、回転する車輪やエネルギーの渦として表現されます。チャクラをそのようにイメージすれば、以下のエクササイズの助けとなるでしょう。

LEFT 左
チャクラの活性化は、手を当てイメージを思い浮かべる簡単な視覚化のテクニックでできます。

チャクラは色と強く結びついているので、適切な色を用いれば機能が改善され、バランスがとれます。この原理を応用して、心身全体を元気づけることができます。身体の特定の部位を集中的に治療することや、特定のチャクラと関連する人生の側面を強化することが可能です。やり方は簡単そのものです。

1. 目を閉じ、活性化させたいチャクラに対応する色を思い浮かべます。

2. 次に、両手で左右の目をおおい、その色が手のひらへ流れ入ってエネルギーを与えるところをイメージします。

3. 両手をチャクラのある位置の前に置き、色が体に流れ入るところをイメージして、色を脊椎のチャクラへ導きます。

4. 同じ過程をほかのチャクラで繰り返します。残りのチャクラ全部について行ってもかまいません。たいていは1度に3分行えば、望みどおりにチャクラを整え、エネルギーを回復し、調和とバランスをもたらすことができます。

クロモセラピー：カラープロジェクション

古代エジプトや、バビロニア、アッシリアの人々は、今日も変わることのない価値ある遺産を後世に遺しました。クロモセラピーです。これは、体の一部、または全体に色のついた光を浴びる療法です。これには、病気のときに体に表れるのと同じ色が使われました。黄疸の黄、青ざめた唇、熱で紅潮した肌などに応じた色です。古代の人々はスペクトルの色を分光する方法を知らなかったので、自然にある色を用いました。とりわけ珍重されたのは、色の濃い透明な石です。黄疸にはイエローベリル、出血には血玉髄、血行不良で青白くなっていればラピスラズリを使いました。ブリリアンスを放つダイアモンドはとくに重視され、万能薬とみなされました。石のほかにも、色のあるものは利用されました。花や草木、ホワイトオイル、鉛丹、代赭石、黒トカゲ、藍などです。白内障の治療には、緑青、すなわち緑色の酢酸銅を蜜蝋と混ぜて用いました。

紀元前も最後の世紀に彩色ガラスが作られるようになると、色光はおもにこの人工素材から得られるようになり、宝石はむしろ装飾品として価値が高まりましたが、ヒーリングに用いられた時代からの神秘性に変わりはありませんでした。ヒーリングが行われる場所も、神殿から教会へ移りました。教会に集まった人々は、ステンドグラスのヒーリングライトに浸ったのです。

現代のクロモセラピーの方法はごく簡単で、自宅でも気軽にできます。色とりどりのジェルやスライドを光源と共に用いて、適切なヒーリングカラーを浴びたり、特定の箇所に照射するのです。舞台用器具の専門店にある高輝度照明、色電球、または懐中電灯でもできます。自宅の窓の前に彩色ガラスを置くのもいいでしょう。値がはりすぎるならセロファンでもできますが、ガラスの方が効果があります。色の選び方は、第2章にヒーリングへの応用法として基本を示してあります。また、特定の病気のヒーリングカラーは色による指圧法を述べたページをごらんください（参照→p.108〜113）。

クロモセラピーで最善の効果を得るには、資格のある専門家にかかることをお勧めしますが、自宅でも行えます。その際は、以下の基本原則を心に留めておいてください。

1. 療法を受ける人は、照明が直接あたる位置に座るか横になります。
2. 色光を浴びる時間は、どんな場合も1回のセッションで10分以内にしてください。
3. 使用に際して制限の必要な色があります。心臓病の人には、決して赤を用いないでください。紫は顔に当てず、必ず後頭部に当ててください。

このほか、各色に関する注意事項が、第2章に示してあります。

療法が効きすぎて激しい反応で気分が悪くなった場合には、全身を緑の光で数分照らして、最初の色の影響を中和してやわらげ、取り除いてください。

4. 風邪やインフルエンザのように全身に影響する病気の場合は、色光を全身に浴びせます。膝を痛めたときや肘の捻挫など、特定の部位の損傷には、患部だけに集中して色光を当ててください。

ABOVE 上
古代の人々はブリリアンスを発するダイアモンドを珍重し、万能薬と考えました。

LEFT 左
健康を増進して幸福な生活を送るために、色光による療法を行ってみましょう。

RIGHT 右
教会に取り入れられた彩色ガラスは、集まった人々をあふれる色で包みます。クロモセラピーのさきがけといえるでしょう。

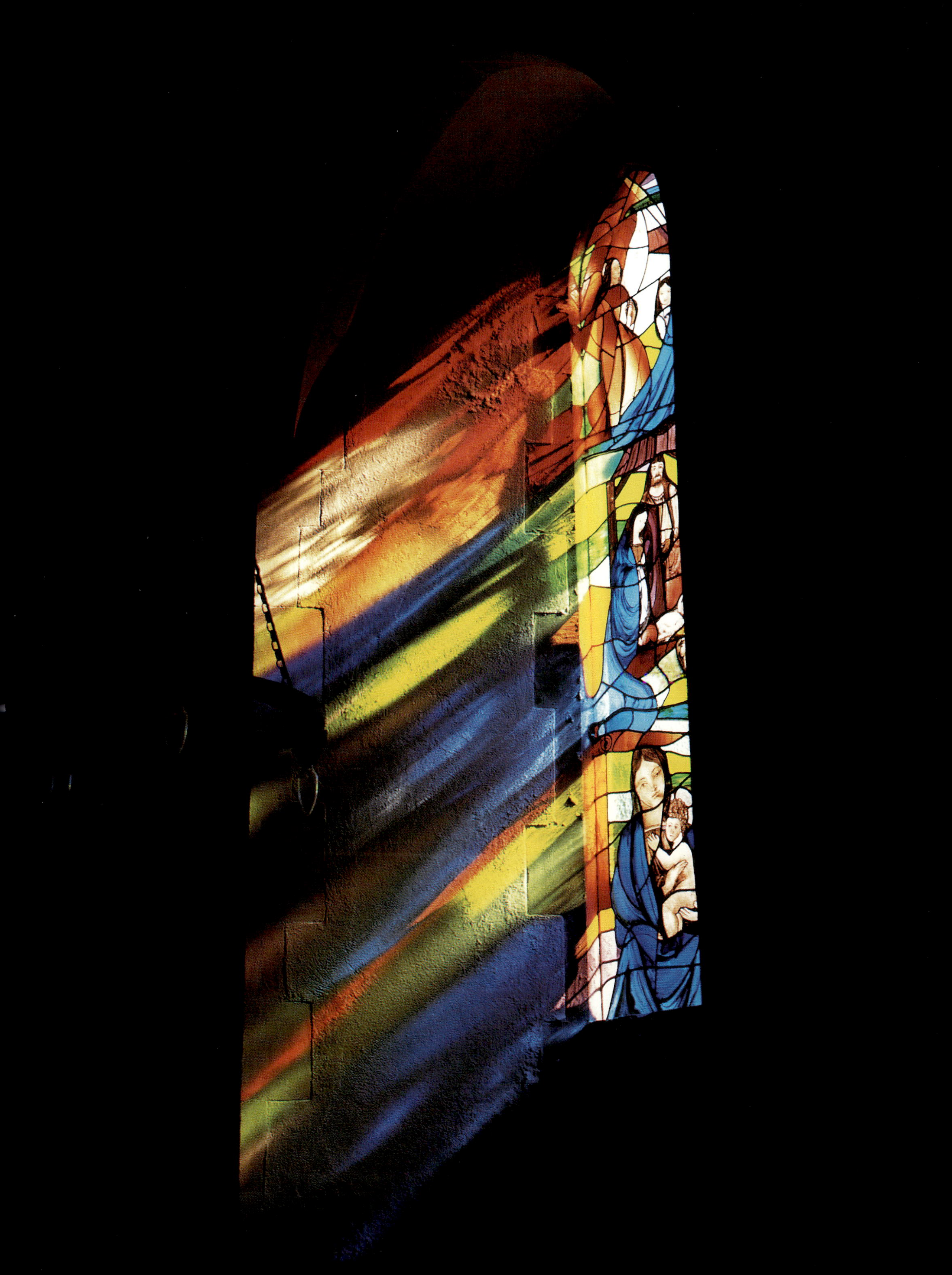

宇宙的な色の呼吸法

呼吸は生命維持の原動力です。そして、私たちが呼吸する空気は、まさに光の輝きと色にあふれているのです。色の呼吸法を行うには、規則的に深く呼吸しながら、生命力の源である太陽から色彩の光線がふりかかるところをイメージしてください。きれいな空気を胸いっぱいに吸い込む間に身体の振動が高まっていき、それによって生命力と心身の健康が増進します。色の呼吸法は、何世紀もの間、健康法やヒーリング法として日常生活に役立ってきました。

以下に示す呼吸法を行うときには、必ず鼻から息を吸い、口から吐くことを忘れないでください。

宇宙的な紫の呼吸

この呼吸法を行うと、宇宙を散策することができるでしょう。呼吸の生命エネルギーを利用して天界を訪れるすばらしい方法です。また、この呼吸制御プロセスでは、膨張と収縮のたびに現在の生へ深く入ってゆき、瞬間の中に留まることができます。

第1段階：吸気

1. 横になって自然な呼吸に意識を集中し、空気がすみれがかった紫になるのをイメージします。

2. 息を吸い込んだところで止め、あなたが動きを止めた宇宙を探索します。ほんの数秒の間ではありますが、思い切って、このU字型の空間に入って行きます。

第2段階：呼気

3. 息を吐き、吐ききったところでしばらく待ち、回転する宇宙があなたをどこへ導くのかを見ます。それから再び息を吸い込んでください。

RIGHT 右
色の呼吸法は、新鮮な生命力と活力を吹き込みます。

酸素を取り入れる
輝く虹の呼吸法

血液の純度を高め、生命力を増強する呼吸法です。いつどこででも行うことができ、ブリリアンスを帯びた虹のすべての色を心身に取り込めます。始める前に、透明な水晶かダイアモンド、あるいはグラスに入れた水に意識を集中し、ブリリアンスを心に浸透させてください。

1. 肩の力を抜き、体をリラックスさせて座るか横になります。胸いっぱいに息を吸い込み、そのままできるだけ長く息を止めます。

2. 息を止めたまま、1からゆっくり数を数え、息を吐きたくなるまでにいくつ数えられるかをみましょう。

3. このエクササイズを続けて3回繰り返し、できるかぎりたくさん数えてください。目標は50です。そこまでいけば、心身は完全に活性化されるでしょう。少ししか数えられられなくても、がっかりする必要はありません。このプロセスに慣れればいいのです。この呼吸法を1日1回行い、一生続けてください。そうすれば、バランスのとれた生命の至高の輝きをいつでも心身に補給することができます。

信頼の金色の呼吸

金色の信頼度テスト

どれぐらい宇宙を信頼しているかを知るために、このプロセスを用いてください。信頼することができれば、宇宙の歓喜に自分自身をまかせることができるのです。

深く息を吸い込み、吐き出します。吐く息の方が吸う息より短くなっていないか注意してください。短い場合はこれまでに人生への信頼を失ってしまったことを表します。おそらく、子どもの頃に経験した失望やショック、あるいは非難のせいでしょう。そうした体験があると、宇宙が次の息を与えてくれると信じてはいけないと無意識に思うようになり、急いで息を吸い込む癖がつくのです。宇宙がうっかり次の息を与えてくれなかったときのために。

ゴールデンイエローの療法

このテクニックによって、過去の恐れや心の痛手から解放され、金が表す喜びと成功に心を委ねることができるようになるでしょう。あなたが呼吸する空気がすばらしい金色のかすみで彩られているとイメージしてください。息を吐くたびに、意識的に吐く息を長くしていきます。次の息を吸うまでに4つ数えて間を置きます。恐怖を感じ、パニックに陥ることさえあるかもしれませんが、今コントロールしているのは自分自身であることを悟ってください。

日常的に色を呼吸する

日常生活も色の呼吸法を取り入れることで、より充実したものになります。適切な色を選び、周囲の空気がその色で満たされることを思い描きます。またはその色のことを思うだけでもかまいません。深く息を吸い込み、自分の中にその色を一瞬の間留め、それから放します。たとえばターコイズの呼吸は、重役会議や重要な面接の前に神経を落ち着かせるのに役立ちます。強盗にあったときも、ピンクを呼吸してみましょう。あらゆる色が日常生活全般を楽にする手助けとなり得ます。第2章のヒーリングカラーを参考にして、日常的に使うための色を見つけてください。

BELOW 下
呼吸は、私たちが周囲の命ある世界とつながっていることをいつも思い出させます。

カラーヒーリングのための食べ物

私たちにとって色は、重要な食物ですので、色の飢餓状態は深刻な苦痛となります。色のバランスは栄養のバランスや肺にとっての空気と同じく必要不可欠です。私たちが食物の色に敏感なのは、中に含まれる栄養を知る手がかりとなるからです。必要な栄養が入っているのはどの食べ物か、色が教えてくれます。特定の色の振動速度とその食物が供給する栄養パターンには密接なつながりがあります。食べ物の色は食欲を増進させることもあれば減退させもするのです。

さまざまな色の食べ物をとることは、体を癒し、意気を高め、健康を増進するのに役立ちます。食物は体のリズムと調和しないこともあり、そんなときは、消化不良や胸焼け、体全体の不調を引き起こします。お勧めしたいのは、添加物を使わない有機栽培の食物です。これなら色の振動が生きています。電子レンジにかけたもの、加工食品、ジャンクフードなどは生命のない食物です。カラーエネルギーが失われてしまっています。

ABOVE 上
赤い食物には強壮剤のような働きがあり、生気とエネルギー、それにやる気を回復させます。

食べ物の色の効用

一般に、赤、オレンジ、黄の食物は体を暖め、元気づけます。緑の食物はアルカリ性で、体内のバランスをとり、心身をさわやかにします。青、藍、紫の食物は、静めて冷やす作用があります。個々の色については以下のような特性があります

● **赤** エネルギーを高め、疲れや倦怠感を払います。血流を速めて、動脈を広げます。

● **オレンジ** 楽観主義と変化がオレンジの食物の特徴的な効果です。悲しみや失望感に沈んだ気分を引き上げる働きもあります。オレンジの食物は腸内に停滞している食物を追い出し、免疫系を強化します。

● **黄** 笑い、喜び、楽しみを促進し、憂うつを晴らします。自然の下剤である黄色い食物は、不用な毒素を一掃し、中枢神経系に養分を送ります。

● **緑** 葉緑素の緑を含む食物は、肉体の持久力を増強し、不安、パニック、恐れ、憎悪などをやわらげます。ハーブは心身全体に効く強壮剤です。

● **青** 青い食物は集中力を高め、不安を静めます。安らぎと心身のリラックスが青の贈り物です。また、毛細血管を強めて血圧を下げます。

● **藍** 藍色の食物は自信のない不安定な状態に救いをもたらします。心身両面で生活を立て直す助けとなります。新しい細胞の成長を促し、湿疹や打撲傷などを緩和します。

● **紫** 紫の食物はリーダーシップをもたせ、情緒不安定な人をなだめます。精神障害にも効果があり、目の健康に役立ち、霊的目覚めを促します。

カラーヒーリングのための食べ物　105

日光水

日光水は太陽のエネルギーを充填した水です。太陽光を液体として飲むこの方法はいつでもでき、ほかのヒーリング法と組み合わせることができます。

　日光水をつくるのにいるものは、純粋な水を満たした透明なグラスと、グラスが隠れるぐらいの幅の着色セロハン1、2枚です。使う色は第2章を参考にして選んでください。セロハンをグラスに巻きつけ、テープで固定します。このグラスを窓辺に置き、少なくとも30分は直射日光が当たるようにします。日を浴びる時間が長いほど、浸透する色のエネルギーも大きくなります。日光水の治療効果は、時間はかかりますが着実に表れます。赤、オレンジ、黄でつくった日光水は、ゆっくり飲んでください。黄を浸透させた水は午後6時以降には飲まないこと。就寝前に飲むには元気がつきすぎますし、膀胱を刺激してしまいます！

LEFT 左
日光水を飲んで太陽光のカラーエネルギーを取り入れましょう。

ABOVE 上
黄色い食物は太陽のエネルギーをもたらし、憂うつな気分を晴らして体内から毒素を一掃します。

体重の減少と増加

　食物というテーマは、必ず体重の減少や増加の問題を伴います。ここでも色が役に立ちます。余分な体重を落とすには黄色を使いましょう。黄は余計な荷物を持ち歩くのを嫌う色なのです。心身を機敏にさせますので、運動するときに黄色を身に付けて元気よく活発に動きましょう。あるいは、黄色の食べ物をとったり、黄の日光水や黄色い果物のジュースとして飲むこともできます。また、黄色をイメージして、呼吸法によって取り入れてください。

　青は逆に体重の増加を促す色です。活動を抑制し、カロリーを摂取して身に付けさせます。心理学的には、青は何事も穏やかに慎重に行う色ですので、体重を増しやすい環境をつくるのです。この色を取り入れるにも、衣服や飲食物、イメージ、青の呼吸法を用いてください。

音楽と色

音楽と色には、共に体内の化学反応に大きな変化を起こさせる力があります。脳が音楽や色に反応し、その反応がホルモン値に影響して免疫系を強めることさえあります。音楽も色も振動であり、振動は心身を害することもあれば癒すこともあるのです。

音楽と色のテスト

音や身体の器官はすべて色に関連しています。体の不均衡を点検するには、まず下の「色と音の対応表」を見てください。この簡単な音階表には、各音に対応する色と体の部位を示してあります。

手軽な自己診断を行うために、座るか立つかして、息を深く吸い込んでください。音階表の音を表の上から順に全部歌ってみます。「アー」と発声しながら歌ってもいいでしょう。声が弱くなる音、ゆらぐ音に注意してください。その音に対応する体の部位に問題があることを示しています。

音楽によるヒーリング

音楽をヒーリングに用いるときに覚えておきたい基本原則は、高音になるほど、より高い位置にある部位に作用するということです。上腹部に対応する黄のE音（ホ音）から始めてください。腸の病気はすべて、C（ハ音）、D（ニ音）、Eの音と結びついていますので、音楽ではワグナーの曲のような重厚な曲が対応します。上腹部より上の上体の不調は、G（ト音）、A（イ音）、B（ロ音）とその対応色に関連しますので、『くるみ割り人形』のような軽い曲を用います。身体の上部と下部でそれぞれ適切な音楽を選び、上腹部については、その中間にあたる穏やかな音楽を使ってください。

虹のヒーリング

音楽にのって、虹の旅へ出てみましょう。適切な音楽を4曲選び、椅子に座ってリラックスするだけでいいのです。次のような情景にふさわしい音楽を選んでおき、音楽をかけながらイメージしていきます。

1. 浜辺を歩いている情景を思い描きます。

2. 浜辺のそばの白い崖を登ります。

3. 崖の反対側から、下にある美しいターコイズの礁湖(ラグーン)へ下りて行きます。

4. 最後に、そっとラグーンの中へ入って気分をほぐし、水中を進み、壮大な滝の下に立ちます。滝の下の深みから、色のついたクリスタルを選び取ってください。

この虹の旅を終えたら、どんなことでもいいですから、この間に体験した気分や浮かんできたイメージと色を思い起こします。第2章の「色の心理学」にある判読法で、あなたが見た色を解釈してください。

海と浜辺は感情生活を表します。崖を登るイメージは子供時代、下りる場面は現在の生活状況と願望を示します。礁湖は真の自己と本当の願いです。虹を浮かべて流れ落ちる滝は浄化する作用を持ち、選び取ったクリスタルの色が人生の次のステップを示す鍵です。

このヒーリングを本格的に行うためのカセットテープがあります。特別に選んだ音楽をバックに録音し、イメージと色の詳しい説明つきです。このテープ「The Healing Rainbow」については、143ページの「問い合わせ先」を参照してください。

色と音の対応表

色	音階	関連する身体の部位
● 赤	C（ハ）音	生殖器、血液、脚、筋肉
● オレンジ	D（ニ）音	腎臓、腸、下腹部
● 黄	E（ホ）音	肝臓、胆嚢、膵臓、胃
● 緑	F（ヘ）音	心臓、肩、下肺
● 青	G（ト）音	喉、頭蓋底、上肺
● 藍	A（イ）音	骨格、目、副鼻腔
● 紫	B（ロ）音	脳、頭皮、頭頂

RIGHT 右
音楽が呼び覚ます虹の上に、流れ落ちる滝をイメージします。虹の道は再生と悟りへ通じます。

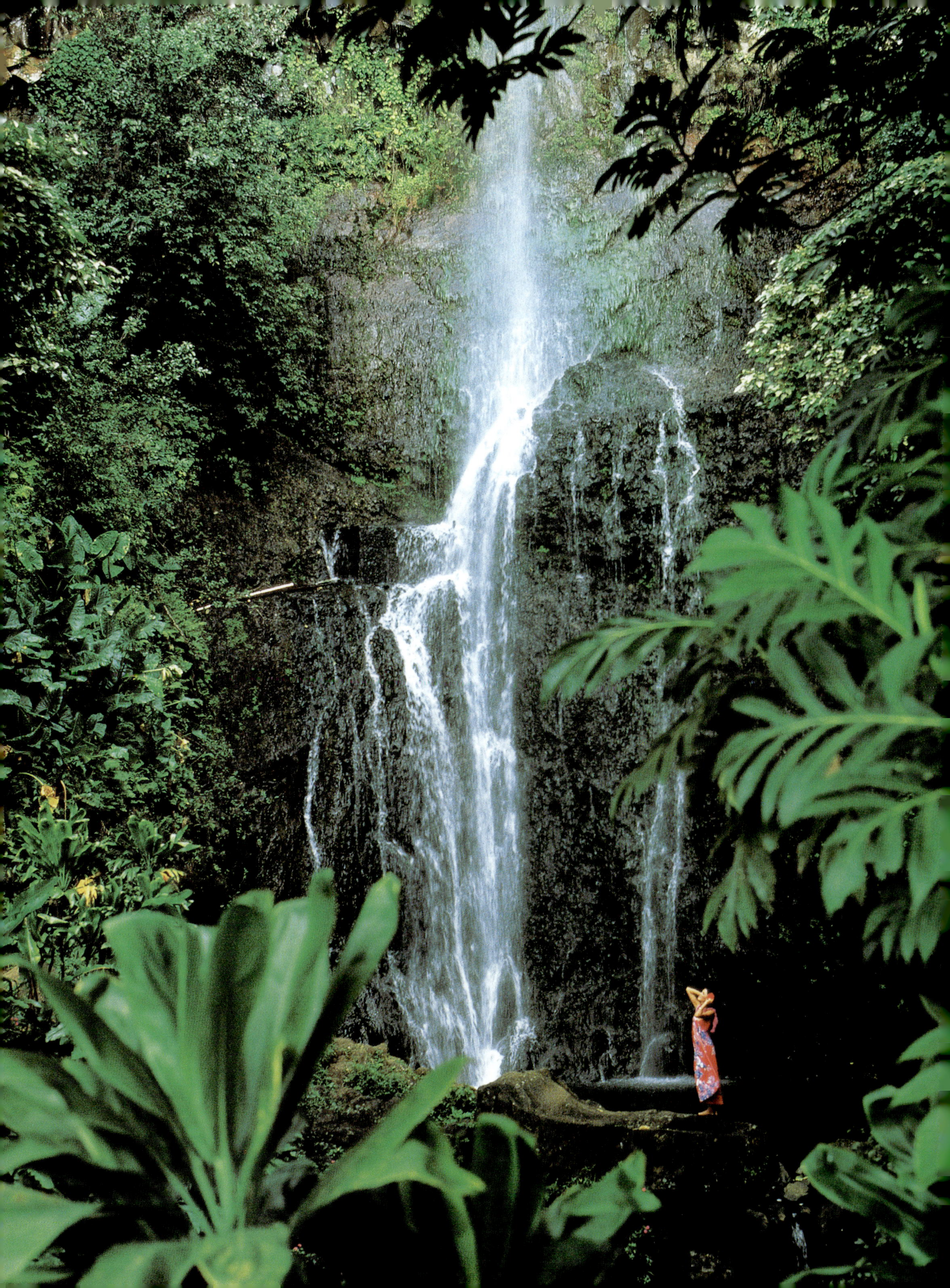

色の指圧で行う自己治療

色の指圧は、いつでもどこでもできます。このテクニックを使えば、自分で自分のヒーラーになること、つまり自己治療が可能です。その場ですばやく治療して、苦痛をやわらげ、不調や病気を遠ざけることができます。

あらゆる身体器官の状態が、手に映し出されています。手にある特定の中心点を刺激すると、体のさまざまな部位に直接エネルギーが送られ、ヒーリング効果を生み出します。ちょうど電話のように、手のひら大の器具のボタンを押すだけで、見えない回線を通ってメッセージが目的地へ送られるのです。指圧は、経絡で結ばれた体の部位に穏やかな刺激を与えてエネルギーを高めます。活性化の引き金となる箇所を押すだけのことです。指圧は、活性化させたい場所への血流を増加させ、体の自然な治癒を促進して健康を回復させる、薬のいらない健康法です。指圧のつぼは体中にありますが、ここでは、指圧しやすい手をとりあげました。つぼは、体内の受容体にも似て、情報を取り込んで全身へ運ぶ働きをします。

人間は色彩の海の中で暮らし、絶えず色の振動を浴びているのですから、指圧をするときに色のエネルギーを利用すれば効果的です。これにはスペクトルの7色を使います。指圧のプロセスの一部にヒーリングカラーを取り入れることで、心に働きかけ、脳に影響を与えて、体を自己治癒へ導くことができます。色が意識下のカウンセリングを行うのです。色のヒーリング効果を高めるため、「色のカウンセリング」に示した自己肯定の言葉を付け加えると、身体の不調の基底にある根深い思いこみを解きほぐし始めます。自己肯定の言葉はそれだけでも大きな力となりますが、色や指圧と組み合わせることで、さらにすばらしいヒーリング効果を発揮します。

RIGHT 右
色の指圧は、簡単で効果の高いセルフヒーリングの方法です。

色の指圧の仕方

1. 以下のページを調べて、自分に当てはまる病気や不調の項を見てください。

2. 図に示した手にある指圧のつぼを探り当て、指で穏やかに押します。

3. 目を閉じて、示されたヒーリングカラーをイメージします。

4. 色のカウンセリングの言葉を繰り返します。
1回に5分間行ってください。必要な指圧はたぶん1種類だけでしょう。症状が比較的重い場合には、緩和するまで1日3回この療法を行ってください。

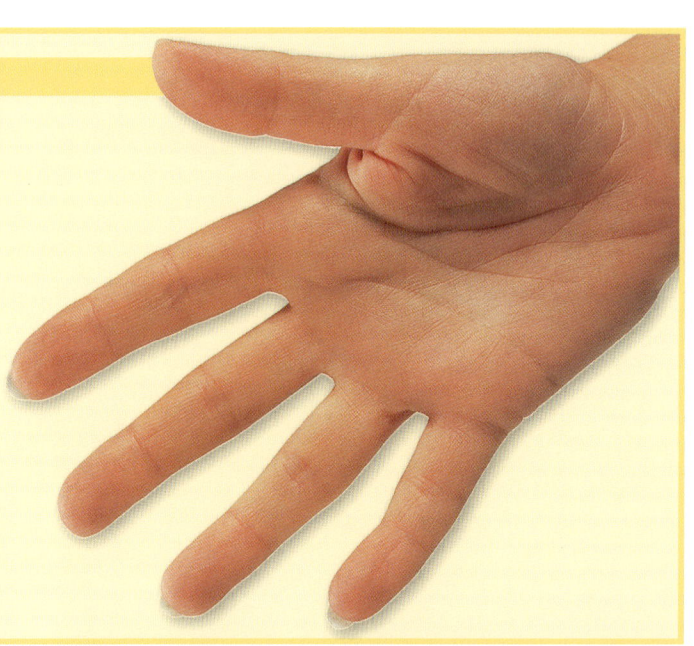

病気／不調 ヒーリングカラー	カウンセリング／リピート 自己肯定の言葉
にきび ヒーリングカラー：黄	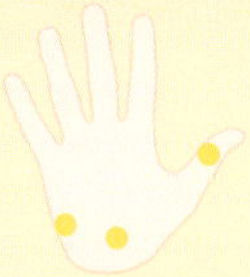 世界は十分に広い。私は心は喜びで膨らむ。
エイズ ヒーリングカラー：緑	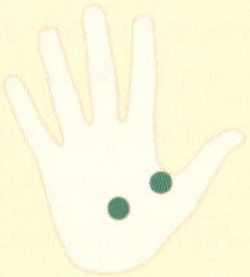 私はすばらしく、何の罪もない。
アルツハイマー病 ヒーリングカラー：紫	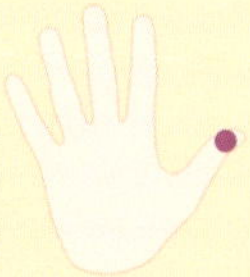 何の恐れも感じずここにいられる。私の人生は申し分ない。
咽喉痛 ヒーリングカラー：緑	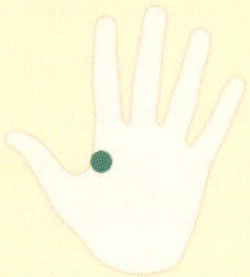 リラックスして、楽しいリズムに身を任せよう。
拒食症 ヒーリングカラー：黄	私はみごとなバラの花。甘く香って咲き誇る。
喘息（ぜんそく） ヒーリングカラー：オレンジ	他人のために自分を犠牲にはしない。このうえなく自由だ。
乳房の疾患 ヒーリングカラー：藍	私は美しい。目をみはるほど華やかで女らしい。
気管支炎 ヒーリングカラー：藍	私の内にあるハイウェイはすいている。愛が人生の本道をやってくる。

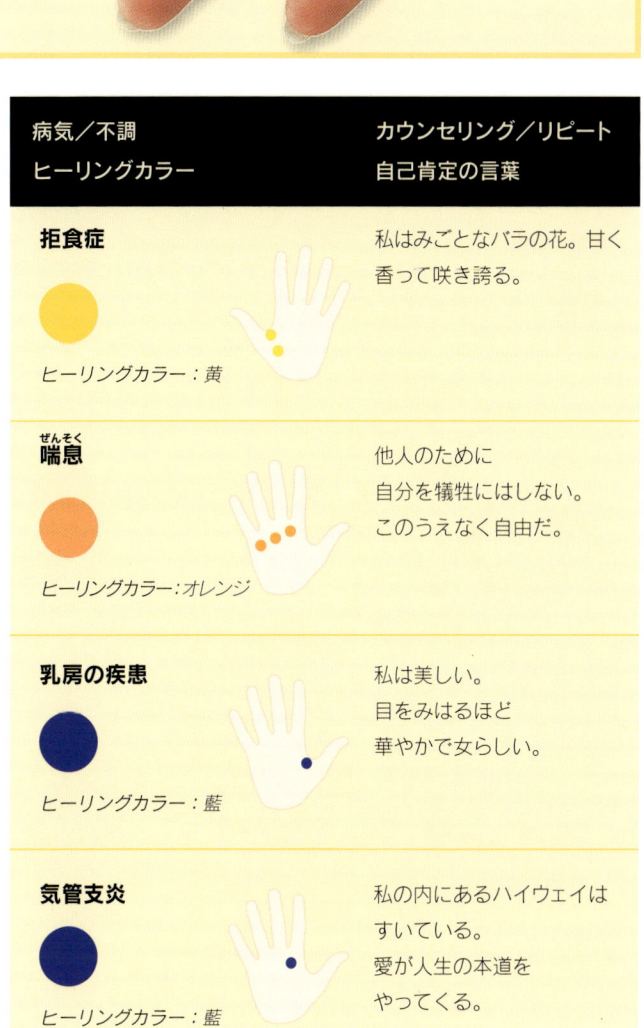

病気／不調 ヒーリングカラー	カウンセリング／リピート 自己肯定の言葉	病気／不調 ヒーリングカラー	カウンセリング／リピート 自己肯定の言葉
腱膜瘤（足の親指の腫れ） ヒーリングカラー：オレンジ	私はどんな障害も乗り越える。自分自身を大切にする。私も豊かな生命の一部。	**膀胱炎** ヒーリングカラー：黄	自分の持場を守る私には力がある。この世界で重要な役割を担っている。
乗り物酔い ヒーリングカラー：緑	乗り物で移動する間、私の旅は1秒単位。次の1秒へ移る間は何の問題も起きない。	**聴覚障害** ヒーリングカラー：黄	快い音楽のほかは耳に入れない。安らぎをもたらす美しい音を聴く。
カタル（粘膜の浸出性炎症） ヒーリングカラー：オレンジ	くつろいで、自分に十分なゆとりを与えよう。	**うつ状態** ヒーリングカラー：黄	生きて、愛して、笑って、幸せになろう。私はいついつまでも愛され続ける。
背中の疾患 ヒーリングカラー：藍	私はしりごみしない。毎日、あらゆる面で強くなっていく。	**糖尿病** ヒーリングカラー：黄	人生は私のもの。私は人生を創り出し、すばらしいチャンスを活かす。
はれもの ヒーリングカラー：黄	自分に合わないことは、生活から追い出そう。心はすっかり安らかになる。	**下痢** ヒーリングカラー：藍	与えられたものを大事に保つ。愛と感謝をもって受け入れよう。
腸の疾患 ヒーリングカラー：黄	古いものを手放せば、新しいものが入ってくる。世界が贈ってくれるものは何でも受け入れよう。	**失読症** ヒーリングカラー：黄	私にはほかにない個性がある。独創的な知恵と喜びにあふれ、至高の輝きを目指す。
一般的な風邪 ヒーリングカラー：緑	自分にとって必要なこと、やりたいことをする時間はある。自分自身に集中しよう。	**耳の疾患** ヒーリングカラー：黄	鎖をつなぎ合わせてバランスを取り戻そう。穏やかで誠実な力が働く。

病気／不調 ヒーリングカラー	カウンセリング／リピート 自己肯定の言葉	病気／不調 ヒーリングカラー	カウンセリング／リピート 自己肯定の言葉
湿疹 ヒーリングカラー：青	人生は美しい。好きなやり方でこの贈り物を選び取り、楽しもう。	**心臓病** ヒーリングカラー：緑	私の心は惜しみなく与え、愛する。すべてを受け入れ、抱きしめる。
てんかん ヒーリングカラー：紫	私は自分自身と調和している。自分を愛しているし、周囲からも愛されている。	**肝炎** ヒーリングカラー：緑	私の時代になったので、真価を認められる。豊かな人生が約束されている。
目の疾患 ヒーリングカラー：藍	私には自分自身と回りのあらゆるものの美しさが見える。	**ヘルペス** ヒーリングカラー：藍	神聖な自分自身を肯定しよう。宇宙の法が私を導く。
発熱 ヒーリングカラー：青	望みどおりの愛と優しさを受け取ることができる。	**失禁** ヒーリングカラー：青	本当に美しいものすべてに、心を開き身を委ねよう。
足の疾患 ヒーリングカラー：赤	神聖な法に従う私は、人生に踏みとどまろう。	**不眠症** ヒーリングカラー：藍	私とともに、明日という日が元気に花を咲かせる。
分泌器官の疾患 ヒーリングカラー：藍	宇宙の神聖な働きを求めよう。ここにいる私のために。	**黄疸** ヒーリングカラー：緑	新たに発見したすばらしい幸福と自信。美しいものを歓迎しよう。
花粉症 ヒーリングカラー：藍	私は順調に道を進む。気楽で何の制限もない。	**腎臓疾患** ヒーリングカラー：オレンジ	自分にとって有益なものをすべて吸収し、無益なものは放出しよう。

病気／不調　ヒーリングカラー	カウンセリング／リピート　自己肯定の言葉	病気／不調　ヒーリングカラー	カウンセリング／リピート　自己肯定の言葉
膝の不調　ヒーリングカラー：オレンジ	支障なくなめらかに動く。恐れはない。人生はすばらしい体験に満ちている。	**卵巣疾患**　ヒーリングカラー：赤	自分の直感を信じ、創造的な表現を楽しもう。私は永遠に通じる霊的な道をたどっている。
肝臓病　ヒーリングカラー：緑	心が安らいでいる。宇宙が与えてくれるものを信頼しよう。私は清浄で純粋。	**太りすぎ**　ヒーリングカラー：赤	人生の喜びを避ける必要はない。私だけの豊かなスタイルを楽しもう。
更年期障害　ヒーリングカラー：オレンジ	古いものを手放し、新しくやってくるものから学ぼう。私は愛によって、たえず再生している。	**痛み**　ヒーリングカラー：藍	自己認識のためのひそかなメッセージに耳を傾けよう。苦痛から自由になる準備は整っている。痛みより喜びのほうがいい。
生理痛　ヒーリングカラー：藍	私は万物の命の流れを喜ぶ。いつも自分のすばらしさを忘れない。	**静脈炎**　ヒーリングカラー：緑	執着を離れ、どこへ導かれようと信仰に従って生きよう。私は祝福と平和のうちに歩む。
偏頭痛　ヒーリングカラー：藍	制約はない。自分にとって最も望ましいことだけを計画しよう。私は愛されている。	**恐怖症**　ヒーリングカラー：オレンジ	何が起ころうと、宇宙の神的存在が助けてくれる。
吐き気　ヒーリングカラー：緑	この人生から滋養のある糧を得て、それを内に収めよう。再生の過程を信頼しよう。	**肺炎**　ヒーリングカラー：藍	自分が安全でいられるようにしよう。人生の可能性への希望と喜びが心にあふれる。
神経障害　ヒーリングカラー：黄	自己と通じ合い、その声に耳を傾ける。自分自身のすべてを認めよう。	**乾癬**　ヒーリングカラー：オレンジ	あるがままの自分を愛している。愛と優しさだけに包まれている。

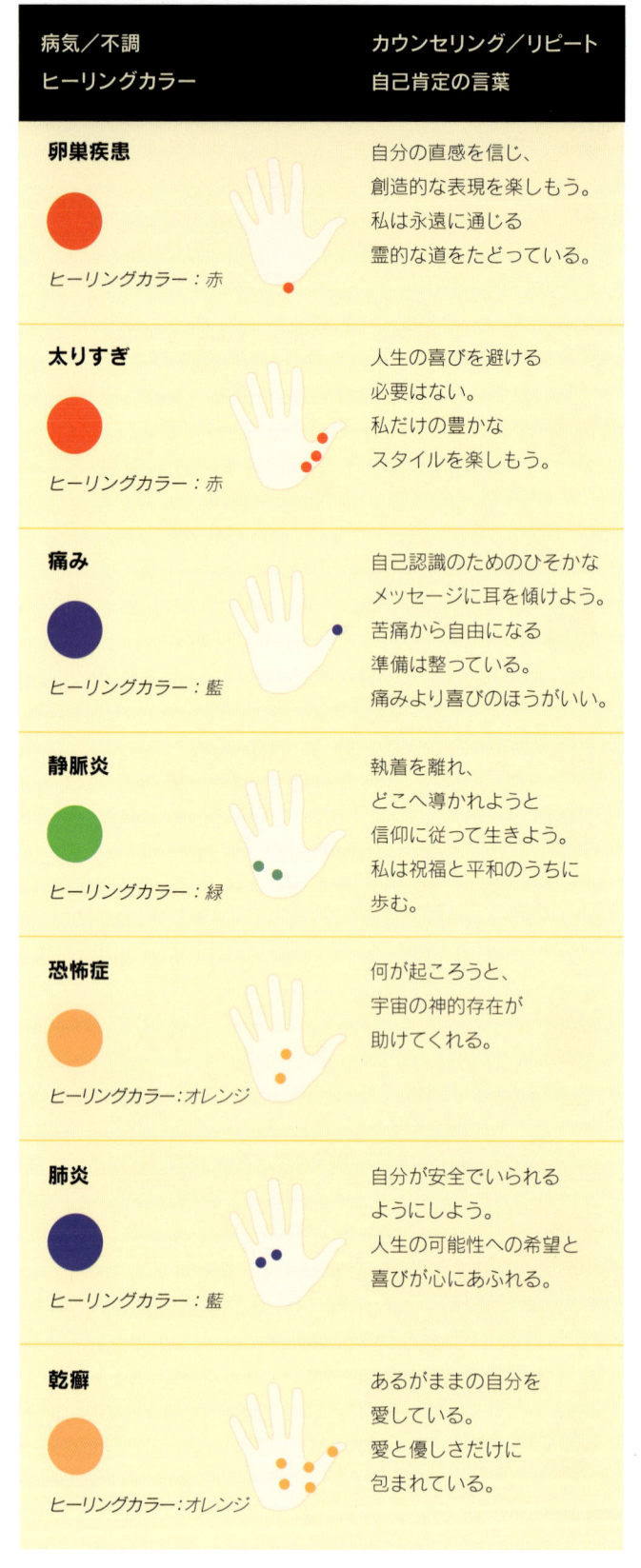

病気／不調 ヒーリングカラー	カウンセリング／リピート 自己肯定の言葉	病気／不調 ヒーリングカラー	カウンセリング／リピート 自己肯定の言葉
扁桃腺瘍 ヒーリングカラー：藍	心のままに自分の思いを語ろう。愛のささやきだけが聞こえる。	**歯の疾患** ヒーリングカラー：青	人生の滋養となるものを取り入れよう。噛み砕いて、愛と喜びの養分にしよう。
発疹 ヒーリングカラー：黄	もう過去の制約を越えて進むことができる。自由に生き方を選び、その道を信じよう。	**口腔カンジダ症** ヒーリングカラー：緑	自分の女らしさを愛し、楽しもう。私の道は天国へ通じている。
リューマチ ヒーリングカラー：青	内なる認識の声に自由に従おう。私には自分にとって最善のことを知る力がある。	**静脈瘤** ヒーリングカラー：藍	私の生命を保つ血液は、安全な旅を楽しむ。
副鼻腔疾患 ヒーリングカラー：藍	自分の中の小さな子どもを愛している。その子を愛し、いつまでも養っていこう。	**性病** ヒーリングカラー：赤	自分の生き方を信じ、天から授かった性によるこのうえない快楽を楽しもう。
いびき ヒーリングカラー：藍	あらゆることにはふさわしい時と場所がある。私は今、自分の言い分を堂々と述べる。	**尿閉** ヒーリングカラー：黄	人生は豊かで満ち足りている。宇宙が与えてくれるので、私は解き放そう。
捻挫 ヒーリングカラー：オレンジ	柔軟に対応すれば大丈夫。変化と新しいことを楽しもう。人生が私の味方についてくれる。	**いぼ** ヒーリングカラー：オレンジ	私のすべてが神聖。宇宙は私を受け入れ、包み込む。
		「親知らず」の痛み ヒーリングカラー：黄	旅立って、自分のすばらしい可能性を楽しもう。
肩こり ヒーリングカラー：黄	思い切って人生に挑んでも心配はない。楽しく生きる方法はひとつとは限らない。	**子宮の疾患** ヒーリングカラー：紫	誇りを持ち、安心して世界への愛を宿そう。私はとても幸福。

色とクリスタル

鉱物界は、地球上に限らず、すべての生命の究極の基盤です。クリスタルという特殊な状態にある鉱物は周囲のいたるところにあります。私たち生物の身体にもクリスタル状の物質が含まれているのです。私たちはクリスタルを食物として摂り、1日のうちに、あらゆる形のクリスタルを数えきれないほど利用します。これまでの20年間に、私たちは「クリスタルへの意識」を発達させてきました。鉱物界の生命に目覚めたのです。

クリスタルの特性の中でも軽視されがちな性質のひとつが色です。クリスタルの構造に本来備わっていて、実際、原子そのものに組み込まれているのです。色はクリスタルがそれ自体の内的エネルギーの均衡を完璧に保つ手段のひとつでもあります。この固有のカラーエネルギーとその交換のようすは、化学実習の授業で毎日のように見られます。たとえば、銀色のカリウムは火の中へ入れるとライラックの炎をあげます。銅は緑色に燃え、白いストロンチウムは赤い火を出すのです。これらは、はっきり実証される色の交換のほんの数例にすぎません。自然界にあるクリスタルに限らず、実験室で作り出されたものや、家庭用キットを使って発生させたものでさえ、純粋な天然素材ではないのに固有の色の成分に共振します。それ自体が完全でなければ、クリスタルにはならないからです。

エネルギーヒーリングの観点からみて、色のあるクリスタルこそ私たちが求める原型といえます。「クリスタルヒーリング」について書かれた本はたくさんあり、そこには必ず、病気とそれを癒すとされるクリスタルの一覧表が出ています。けれども、このヒーリングの大部分がカラーヒーリングの性質を備えていることに言及した本はめったにありません。

前の節でオーラについて述べました。オーラは人間を構成しているエネルギー場の一部であり、エネルギーヒーリングを可能にする一助となっています。オーラのある部分には私たちの意識が映し出されます。クリスタルをオーラの中に置くと、相互作用が起こります。どんなことが起こるのでしょう？ 基本的にはクリスタルはすでにそこにあるものを反映するにすぎません。つまり、あなたの全体像を、気づかない部分まで含めて映すのです。私たち一人ひとりに、非常に深く埋もれている場合もありますが、ヒーリングの力が備わっています。あらゆるレベルで完全に均衡のとれた調和を生み出す能力です。クリスタルは完全に均衡のとれた調和の原型です。ですから私たちは、クリスタルの中にすでに自分の内にあるものを識別するのです。自分の内になければ理解することはできないでしょう。ところが多くの人が、クリスタルの中に感じられるものは、自分ではなくクリスタルの特質だと思い違いをしているため、自分の中にある特質を理解できません。それで、クリスタルがヒーリングエネルギーを放射していると感じますが、じつは反射された私たち自身の力を感じ取っているのです。これらの内なる特質は色と密接につながっていますので、クリスタルと色を組み合わせて用いれば、理解と内的調和、すなわちヒーリングを引き起こす強力な手段が得られます。石から発する色の力は、色を意識するためのさまざまな道への案内役となるでしょう。では、クリスタルと色をどう組み合わせれば役に立つのでしょうか。

ABOVE 上
紅石英のピンクの色は、変わることのない愛情と宇宙的調和をもたらします。

LEFT 左
火の中へカリウムを入れると、青い光を放ちます。

RIGHT 右
天然のクリスタルと色の組み合わせは、強力なヒーリングの道具となります。

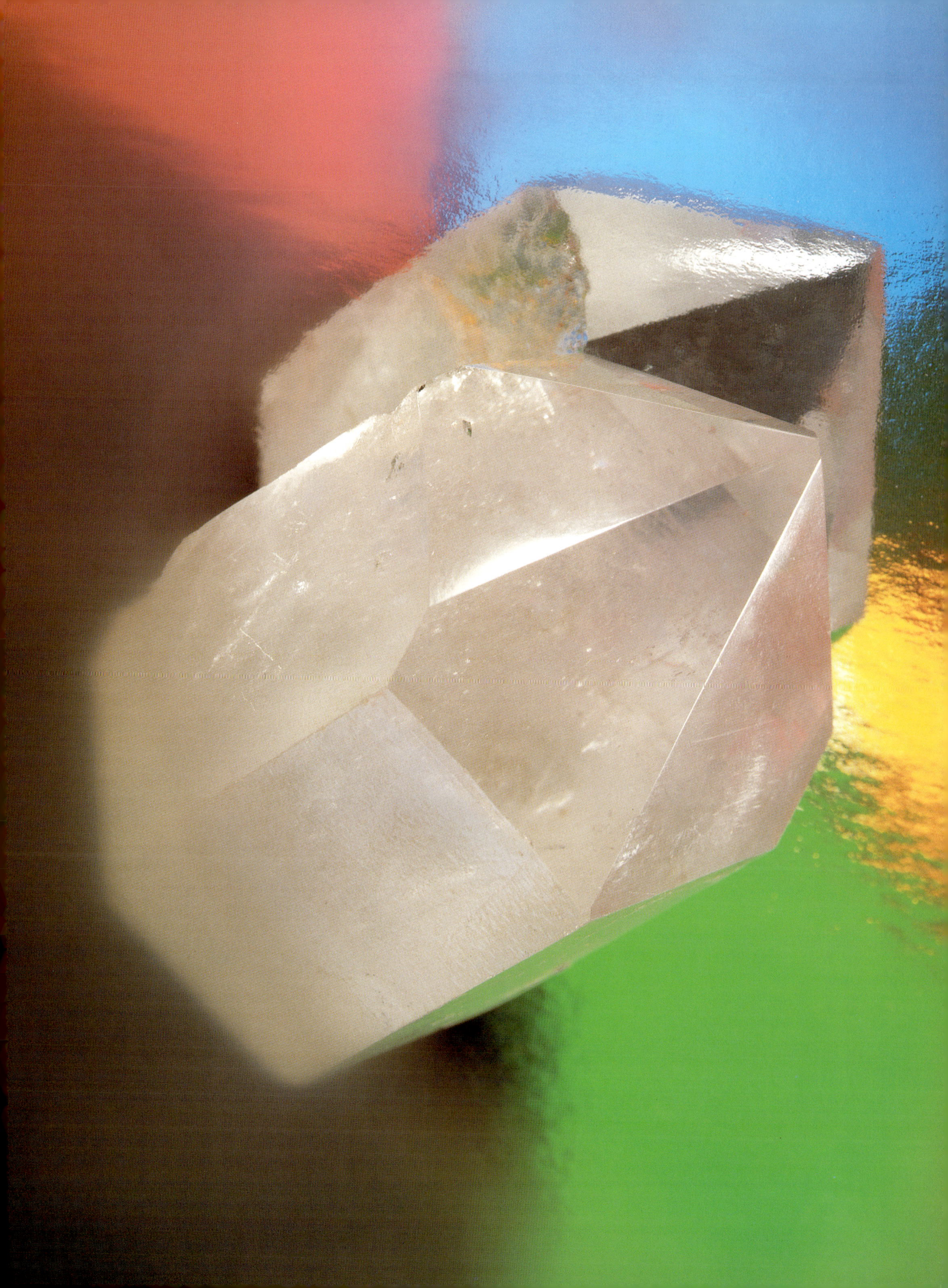

クリスタルの色を選ぶ

　誰もが関心を持つのは、正しい色のクリスタルを選ぶ方法です。けれども、誰にでも申し分なく役立つ石などないのが事実です。クリスタルにはすべて独自の値打ちがあり、それぞれ伝えてくるメッセージや感覚があります。一揃いの石を前にして選択に困ったときは、最も引かれる色を選ぶと良いでしょう。たいていは、まず目が行った石です。それにはまず目を閉じてから開いたときに選びます。本能はきっと正しい選択をするでしょう。もしも「間違った」石を選んだとしても、何も害はありません。自分の中の直感的治癒力を知る目的でクリスタルを選ぶ場合は、左手を使ってください。左は心臓を通して直接に、神的な力につながる側だからです。日々の生活に関する情報を得たい場合は、クリスタルの色を右手で選び取ってください。右手は物質界の力を表し、危難を遠ざける能力があります。

特定の色に関連する生活領域

- ● **赤**：旅行、子ども、性生活
- ● **オレンジ**：仕事、仕事上の成功の可能性、離婚
- ● **黄**：知的業績、試験、マスメディア
- ● **緑**：ロマンス、金銭、財政、結婚、健康状態
- ● **青**：ヒーラー、文学的成功の可能性
- ● **藍**：引越し、潜在的霊能力
- ● **紫**：リーダーの資質、芸術面での可能性、自営業

ABOVE 上
鉱物界には自然の虹の色がすべて見られます。

色のあるクリスタルを用いる
クリスタルの「手当て」

　この療法では、治療を受ける人の体の上にクリスタルを置いても、正面や背後にかざしてもけっこうです。「色の指圧のチャート」（参照→p.109～113）を使って、適切な色のクリスタルを選んでください。または、第2章の「身体のヒーリング」や「情緒のヒーリング」であげた色の特性を参考にしてください。治療を受ける人に、横になるか、椅子に座ってもらいます。色のあるクリスタルを患部の上に置くか、かざしてください。クリスタルそのものに加えて、色が患部へ流れ込んでいくようすをイメージします。患部がどこにあるかはっきりわからない場合は、一番近いと思われるチャクラ（参照→p.98～99）の上にクリスタルを置くか、かざすかします。自己治療でもやり方は同じです。健康全般の増進には、透明な水晶を用いて身体を元気づけましょう。

ペンデュラムのテクニック

　このテクニックもチャクラに影響を与えます。チャクラの回転は肉眼では見えませんが、チャクラが互いにリズムを合わせて回るように、バランスをとり、活気づけることをお勧めします。クリスタルのペンデュラムを身体の各チャクラの上で揺らせば可能です。

　エネルギーの中心であるチャクラ全体を蘇らせるには、ブリリアンスを放つ透明な水晶を用いる方法があります。けれども、個々のチャクラのバランスをとり、力づけるには、それぞれに対応した色を用いなければなりません。

　治療を受ける人に、椅子にすわるか横になってもらいます。自分で行うときも同じようにしてください。選んだクリスタルをチェーンかひもでつるして上にかざします。このペンデュラムをそれぞれのチャクラの前で順に揺らします。基底から始め、上方のチャクラへ上がっていってください。ペンデュラムの揺れは最初は大きくても、次第に小さくなっていくでしょう。揺れが小さくなったら、すっかり止まるまで待ちます。止まったとき、チャクラのバランスがとれています。ペンデュラムの使い方についての詳細は124～125ページにあります。

内面を探る

　このテクニックは簡単そのものです。メディテーションを行う間、自分で選んだクリスタルをかざしておくだけでいいのです。メディテーションについては120～121ページで詳しく論じますが、要するに、ただ目を閉じて静かに座り、黙想しながら自分に起こることを観察するのです。生活上の特定のことがらに関する答えを求めているときには、前ページのリストの中から該当する色を選んでください。

BELOW 下
クリスタルのペンデュラムで、チャクラのバランスの回復をはかり、ヒーリングを行いましょう。

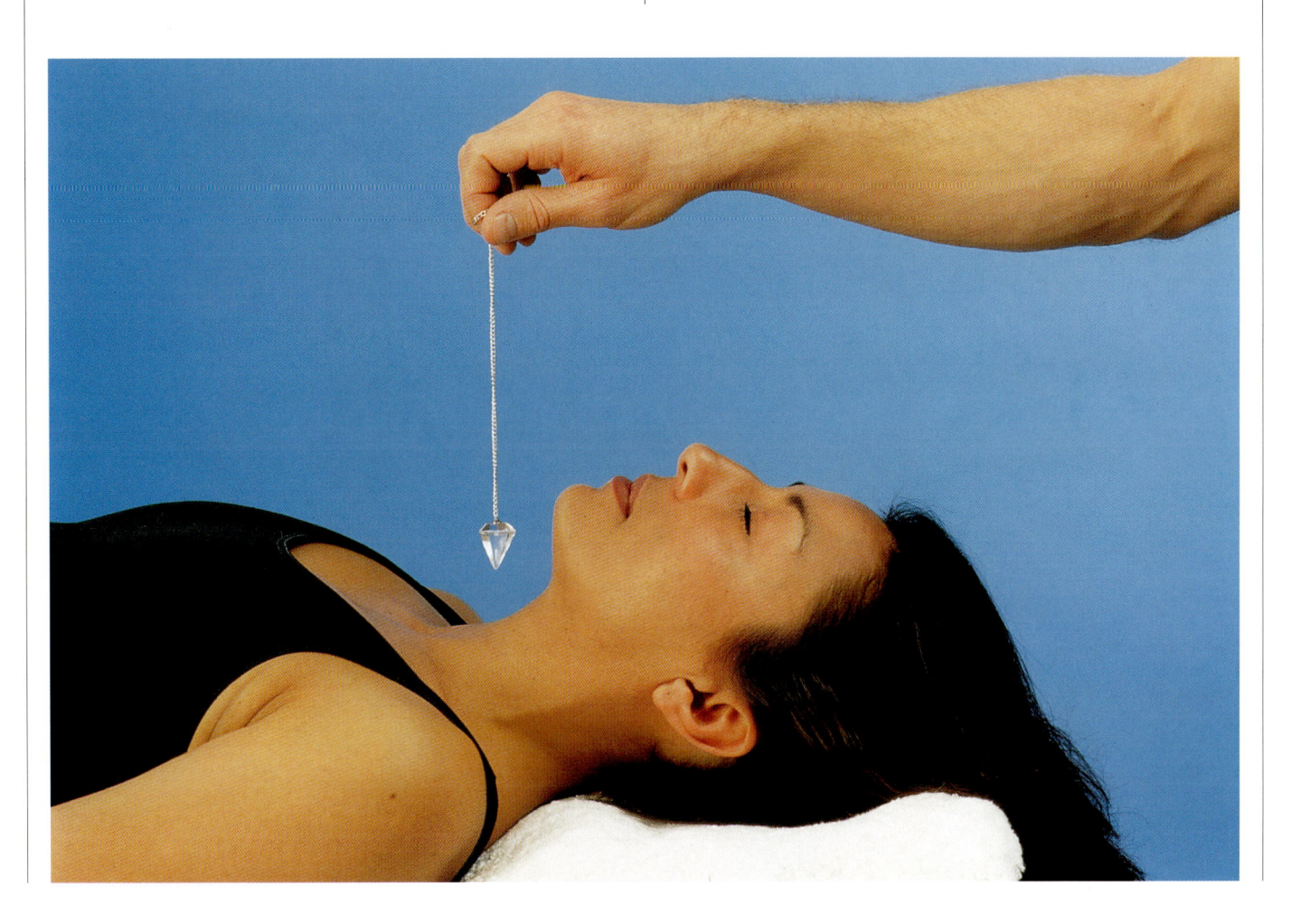

動物のための
カラーヒーリング

従来の医学とは異なった、諸療法の治癒効果が知られるようになると、人間だけでなく動物の治療にもこのような療法が用いられるようになりました。脊椎のある動物は、いずれも性能の高い目を持ち、人間の目にまさるものも多いほどです。これは、色への感度が高いことを意味します。カラーヒーリングは動物のヒーリングにおいても重要な要素となりつつあり、著者自身、この分野で多くの例を見てきました。動物は人間と共通するDNAを多量に持ち、エネルギー構造も同じです。自然の「真理」に何の抑制もなく反応する動物たちは、ヒーリングが必要なときには、自然の成分として色を受け入れます。

ヒーリングのためのアプローチ

動物は、あなたの意図や動機を感じ取ることができます。非常に知覚が発達していますので、扱いに十分配慮する必要があります。メディテーションをしていると参加したがるのは、この発達した知覚のせいです。そばでエネルギーを浴びたいのです。動物もそれぞれ独立した個性を備えていると考えてください。最初にあなたに馴れさせることが大切です。歩いていたら、そばへ呼び寄せてください。じっとしているなら、徐々に近づいて行き、安心させるように優しく話しかけます。性急になってはいけません。優しく接してくる相手から、動物はヒーリングエネルギーを受け取るのです。あなたのアプローチに対して、動物に返事をさせてください。ちょっとした目の動きのようなかすかな動作が答えかもしれません。動物はたいてい、自分の具合の悪い箇所へ注意を引き、ヒーリングポイントを教えます。

タイミング

動物には、ヒーリングの完了したときがわかります。そのときは、自分から歩み去ることもあります。またはヒーラーが、動物が興味を失ったのを感じることもあります。週1回、10分間のセッションが目安ですが、病気の重い動物には必要なだけ何度でも行ってください。

ヒーリングテクニック

多くの場合、ヒーラーは両手を通してエネルギーを送ります。動物の体にじかに手を置くか、体から少し離します。動物は流れ入るヒーリングエネルギーを受けて自己治癒力を高めるのです。

LEFT 左
動物界の住民はみな、色の振動のヒーリングパワーから恩恵を受けます。

LEFT を
動物への
カラーヒーリングは
誰にでもできます。

特定の病気に効く色

脊椎動物へのヒーリングは、背骨に添って人間と同じくチャクラの色で行うことができます。尾の端が赤で、上へ向かって頭の紫まで順に治療します（参照→p.98〜99）。けがの場合、最初の数日間はショックを和らげるためにオレンジで治療します。それから、腫れを治める藍、熱に効く青、不安に対処する赤を使います。特定の病気を治療する色については、色の指圧のチャート（参照→p.109〜113）を調べてください。

生活環境：オレンジ

私は、ペット、家畜、野生動物といった違いを問わず、病気の動物には、総じてオレンジが有効なのに気づきました。動物を楽にさせ、安心させるには、オレンジの寝床に入れてください。オレンジはまた、ショックや恐れを軽減します。毛布に寝せることができないような牛や馬などの動物には、代わりに電球で暖かいオレンジの光を当てます。大きな納屋の中で、動物を癒すために農場主がはしごに登り、電灯をオレンジのセロファン紙でおおう姿は感動的です。最初の深刻な状態を越えたら、タン、クリーム、緑を取り入れてもいいでしょう。オレンジはまた、出産のショックから動物を立ち直らせます。生まれたてで放置されている動物やトレーニングが必要な動物がいたら、脚に緑の照明を当てて50回軽く叩いてやりましょう。きっとあなたになつきます！

色の摂取

動物も人間と同じく、光や食物を通して基本的な色を摂取する必要があります。動物の場合、食物の色が限られているので、そこから摂れる色は人間より少なくなりますが、必要性に違いはありません。

渇きをうるおす：ブリリアンス

動物が脱水状態を起こさないように、清浄な水を与えることは簡単にできるはずです。水のブリリアンスを通して、虹の7色が吸収されます。

食物：茶と緑

食事は軽く、少量にとどめます。茶は動物を地に足の着いた状態に保つので、食物に最適です。病気の回復を促すには、ハーブや草のダークグリーンを取り入れましょう。

ストレス：青

ペットは、来客や掃除機の音など、ちょっとした刺激でもストレスを受けることがあります。とくに、生まれてこの方その人やほかの動物に慣れる機会のなかったペットはそうです。ストレスから守ってやるためには、たとえば毛布や電球の灯りに青を取り入れてください。

ヒーリングの終わりに：緑

手を通してエメラルドグリーンのイメージを送ってください。緑の手袋をつけて行ってもいいでしょう。それから、ヒーリングパットをしてやります。心をこめて、トントンと軽く叩くのです。

最期：紫

動物が終わりの時を迎えたら、避けられないこの事態を受け入れなければなりません。忠実な友へのあなたの愛を惜しみなく贈るときです。愛によって、肉体的苦痛とストレスをやわらげてやりましょう。紫に含まれる青と赤が、安らかな状態への移行を促します。

色のメディテーション（瞑想）

色のメディテーションは、ヒーリングへ向けて心の準備をする、穏やかで心地よい方法です。毎日短時間のメディテーションで深い安らぎが得られ、精神と肉体も共に、必要な助力に対して開かれた状態になります。メディテーションの効果が現れ始めると、すべてがそれまでより深い意味を帯びて感じられるようになるでしょう。意識が高められ、働きかけてくる生命のエネルギーを受け入れます。あなたの内なる、許しとヒーリングの紫の炎が明るく燃え立ちます。メディテーションを通じて自分自身へ肯定的なメッセージを送ると、それによって本当の健康と幸福感が戻ってきます。生命力が、身体の周囲からヒーリングの必要な箇所へ導かれるでしょう。心の中で色を強くイメージすれば、思考を集中することができます。

メディテーションは生活の指針を得る確実な方法であり、自己と結びつき、宇宙のエネルギーに通じる流れをつくります。そのエネルギーは意識の集中に続いてやってきます。メディテーションが集中を促し、「変化」を生み出すのです。変化が起こると、自分自身のより深い領域にアクセスし、真の自己に近づいて、再び完全な存在となることができます。メディテーション中に、色の助けを借りて答えを得るには、問いかけをして、その直後に思い浮かぶ色に注意をむけてください。

メディテーションの準備

メディテーションはいつどこででもできますが、最高の成果をあげるには、1日1～2回、決まった時間を選んで行うといいでしょう。快適なくつろげる場所を見つけ、背骨をまっすぐに伸ばして座るか、横になります。両足は必ず床近くに保ち、大地とつながっていられるようにします。20分間メディテーションを行ってみましょう。けれども、たとえ数分でも効果はあります。

LEFT 左
色のメディテーションは心身をリラックスさせ、ヒーリングへの準備と集中に役立ちます。

輝く紫のヒーリングメディテーション

このメディテーションの目的は、紫のエネルギーを用いて、ヒーリングのための霊的叡智と蘇りをもたらすことです。

1. つま先から始めて上へ向かい、頭部まですっかり心身をリラックスさせてください。呼吸に意識を集中します。ほどよく楽なリズムで呼吸してください。身体が次第に重くなるのを感じます。けれども、心はとても軽く、ゆっくりと浮かび上ります。

2. 上方から、紫に近いすみれ色の荘厳な光が差してきて、周囲の空気を満たすのを想像します。このかすかに輝く光線に包み込まれるまで、意識を集中します。

3. じっとしたまま、この状態を少なくとも15分間保ち、ヒーリング効果のある紫の霧を吸収します。

4. 心身ともに完全になり、健康になりたい、という思いを抱き、自分自身に向かって次のように繰り返してください。

「あらゆる面で、私は日に日に強くなっていく」
ポジティブなことを考えれば、あなたの心と全存在は、この好ましい導きに応えるのです。

5. 紫の霧を解消させてヒーリングを終え、呼吸に意識を集中します。次第に呼吸を深くしていき、身体意識をはっきりさせます。手足の指を動かして、準備ができたら目を開きます。再び地上へ戻るために、すばやく両手をこすり合わせ、暖かくなるまで続けます。動く前に、数分間静かに座っていてください。すぐにではないとしても、いずれは、メディテーション中に、答えを得たい問題へのガイドが得られるようになるでしょう。メディテーション中に感じることはどんなことでも、あなたにとって意味があります。メディテーション中に不快感を覚えるかもしれません。どんなことも起こるにまかせ、過ぎるにまかせてください。自分自身を再発見し、癒すために、メディテーションを行うのです。規則的に行えば、メディテーションによって得られる安らぎと活力は次第に大きくなって行くでしょう。

❻ 色の向こう側

人間には優れた思考力があると考えられていますが、それにもかかわらず、人間は何らかの神秘的な能力を呼び覚ます方法をしきりに求めます。それなしには察知できない隠されたことがらを知る力です。占いや予知は、通常の感覚を超えた手段で将来のできごとを予見したり知らせたりする方法です。過去を見ることもできます。占いは、それなりに合理性のある直覚的感覚で、世の中には肉眼で見える以上のことがあると信じる人なら誰にでも可能です。純粋な意図で用いれば、この力は人類への恩恵以外ではありえません。なぐさめが必要な人々を力づけ、不安をやわらげます。これは自己が完全な覚知という深い意識に入って起こることなのです。

占いと色

色は、視覚や嗅覚と同じく本来備わっている占いの能力の治癒的性質と関わっています。これは、私たちの誰もがある程度持っている感覚で、さまざまな感覚を調和させる力です。この感覚を発見するには、ただ心を澄ませ、いつもそこにあるものを取り入れることができるような状態を作るのが最も良いやり方です。自分の治癒的な力につながるには、色が役立ちます。自分の中の直感的な面に通じたとき、あなたは全体的意識にアクセスしているのです。

古代神話には、占いに色を利用する話がたくさんあります。自然や霊や魂に深く通じていた古代の人々は、直感力が色によって強まることを知っていました。単に、色を見たり思ったりして、色の振動を利用すればいいのです。エジプトのトート神は、色によって頭部の治癒力の中枢を刺激して覚醒させました。紫色をイメージしながら、左手の親指と人差し指で眉間をそっとさすれば、あなたにもできるでしょう。

ソウルカラー

魂は、誰にとっても、人生におけるあらゆるできごとの基盤ですので、魂から始めるのがいいでしょう。魂は生命の本質であり、人格の本体です。呼吸は活動中の魂に結びついており、影のようにその人物から切り離せません。霊の姿を見る人々は、その本質も魂のエネルギーだと思っています。肉体に宿っている間のソウルカラー（魂の色）は青と考えられています。死後は明るいブリリアンスに戻ります。ソウルカラーはたえずほかの色に変化し、また健康を害したときや、間違った考えと行動が魂の純粋さを損なったとき、その魂の主が正しい生き方を見失ったときには、つまり、グレーのシェードか黒になります。本当は、晴朗な空の色と同じ青い魂でいることが好ましく、人間はこの色を保とうと生涯努力するのです。

LEFT 左
眉間にある藍色のチャクラの場所は、霊的中心である見えない「第三の目」に通じます。

RIGHT 右
簡単なメディテーションのテクニックで、あなた自身のソウルカラーを占ってみましょう。

自分のソウルカラーを知る

自分のソウルカラーを知るには、呼吸に即してメディテーションを行い、宇宙との交流の回路を開くごく簡単な方法があります。

1. 座るか横になるかして、息を11回吸って吐く間、呼吸に意識を集中します。

2. 息を吸う前、または吐く前に入っていくスペースに注意を向けます。吸気と呼気の間にUターンするスペースです。

3. 呼吸するたびにしばらくこのスペースに留まり、このスペースを探検することにして、「散策」に出かけてください。

4. 何度かやってみた後、今度は、このUターンスペースで色を探します。

5. この色を覚えておき、準備ができたら目を開きます。あなた個人の神聖な色を目の前に一瞬思い浮かべて、その場で振動に同調してください。この色はあなたにとって完全に同調できる色です。また、自己成長を促す各種のエクササイズの前にしばらくメディテーションするにもぴったりです。

6. 第2章の「色の心理学」にある適切な箇所を読み、あなたの魂の個人的課題を理解してください。

カラーホイールの
ダウジング

直感にアクセスする効果的な方法に、カラーホイールとペンデュラムを使うやり方があります。重要な問題に即座に答えを得られるすばらしい方法です。数枚の紙とペンデュラムさえあればできます。

ペンデュラム

　最もふさわしいのは透明なクリスタルですが、透明なガラス玉やガラスのボタンを糸の端につけたものでもできます。ペンデュラムを使うには、糸の端を親指と人差し指で持ち、クリスタルかボタンを吊り下げます。ペンデュラムをカラーホイールの上に持って行き、ペンデュラムに質問します。ペンデュラムが右回りに輪を描いて揺れれば答えは「イエス」、左回りなら「ノー」です。もしも前後に振れれば、結論はなくどちらの結果にもなり得ることを示しています。時間をおいて同じ質問をもう一度してもかまいません。混乱を避けるため、質問は1度に1つだけにしてください。

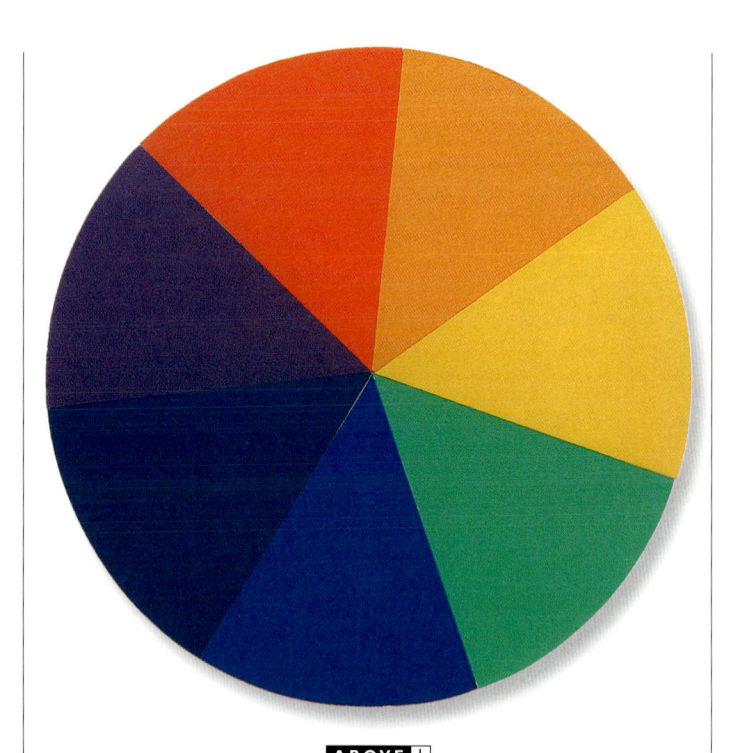

ABOVE 上
このカラーホイールをダウジングに使ってください。
または、自分で作るのもいいでしょう。

カラーホイール
スペクトルカラーのホイール

1. 一般的なスペクトルカラーのホイールでダウジングをするときは、透明なペンデュラムを使ってください。スペクトルカラーのホイールとは名前のとおり、スペクトルの7色をすべて取り入れたものです。

2. 大きな円形の白い紙を用意し、パイを切り分けるように円を7つに分割します。各部分を、スペクトルの7色の1つで塗ります。

3. ホイールを使う方法はいくつかあります。一般的にはペンデュラムをカラーホイールの中央に下げて質問します。ペンデュラムが特定の色の上へ動くまで、自由に揺らしておきます。第2章の色の解釈を見て直感を働かせながら、示された色の意味を考えてください。

LEFT 左
カラーホイールのダウジングは、
問題への新しい洞察を
示すこともあれば、
将来を暗示することもあります。

単色のホイール

たとえばパートナーとの関係や財政問題のような、特定の領域に絞ってダウジングをするとしましょう。どちらも、右の表にあるように緑と関連しています。この場合は単色のホイールを作る必要があります。ペンデュラムのおもりに同じ色のクリスタルやボタンを使うと、単色のホイールの力を強めることができます。

1. 第2章の「色の心理学」に示されている緑の色の組み合わせ、シェード、ティントなどの数を調べます。青緑にあたるターコイズも入れてください。この緑のバリエーションを使って、先に述べたやり方で、カラーホイールを作ります。

2. 前と同じようにペンデュラムを使い、どの緑へペンデュラムが向かうかを見ます。同じく、色の解釈を参考にします。ペンデュラムが淡い緑の上で止まったら、新しいロマンスの可能性があります。ダークグリーンの場合は、現在の関係が新鮮味を失っています。エメラルドグリーンなら、今の相手がぴったりです！ ターコイズは、あなたの自己愛が少し強すぎて相手と十分愛し合えないことを示唆しています。ライムグリーンは、嫉妬と羨望に気をつけなさいという警告です。

3. 答えを知りたいどのような分野についても、対応するカラーホイールを作ることができます。使う色については右のリストを参考にしてください。

ABOVE 上
さまざまな色のクリスタルやガラスのペンデュラムが、ダウジングに役立ちます。

特定の色に関連する生活領域

- **赤：**旅行、子ども、性生活
- **オレンジ：**仕事、仕事上の成功の可能性、離婚
- **黄：**知的業績、試験、マスメディア
- **緑：**ロマンス、金銭、財政、結婚、健康状態
- **青：**ヒーラー、文学的成功の可能性
- **藍：**引越し、潜在的霊能力
- **紫：**リーダーの資質、芸術面での可能性、自営業

カラーリーディング

カラーリーディングというこの方法は、日常生活に役立つ実際的な問題についての情報を与えるばかりでなく、直感力を引き出します。カラーリーディングの長所は、クライアント（見てもらう人）とリーダー（リーディングを行う人）の間で交わされるのが、意識上の考えや意見ではない点です。クライアントは、色を選ぶことによって意識の深層から働きかけ、そこには言葉で話すよりも本心がよく表れます。そこから無益な行動パターンを明らかにして、問題の核心に迫るのです。「色の観点」を取り入れると、心を柔軟にすることができます。可能な限り真実に即したイメージと分析が導かれます。色は自己発見の道具であり、力強い中和剤ともなります。クライアントが選んだ色はその人の内面の欲求を示し、それが結局は外面的な生活を左右しているのです。

色が自分や他者の隠れた面との交流を可能にし、ときには自分の奥に潜んでいる検討すべき問題を明らかにしてくれるのは間違いありません。人生がうまく行かない、仕事での成功をいつも逃してしまう、あるいは、パートナーとの関係が思い通りに行かない、などと悩んでいるなら、カラーリーディングに助言を仰いでみてください。カラーリーディングを行えば、あなたが知りたいあらゆる領域について、これまでのあり方から現在の問題、将来の見通しまで細かく見ることができます。色が伝える情報は第2章にありますので、あとはやり方を覚え、直感を働かせて分析の助けとしてください。

リーディングは、家庭で簡単に作れる一揃いのカラーカードで行います。何枚かは単色にし、ほかのカードには中央を線で区切って上と下に別々の色を入れます。スペクトルの7色と、第2章にあげたシェード、ティント及び色の組み合わせを必ず全部入れてください。色が多いほど、リーディングの幅が広がります。2色のカードが選ばれたときは、上の色は意識上の考えととるべき行動、下は無意識下の考えやまだ実現していない望みを表します。

カラーリーディングの準備

できるだけたくさんの色を集め、カラーカードをひとまとめにしておきます。テーブル上にカードを置き、それからカードをシャッフルします。クライアントがメモをとれるように、メモ用紙と鉛筆を用意しておくといいでしょう。

カラーリーディングの方法

リーダーは、心の中でリーディングの基本構成をしっかり把握しておくことが大切です。カラーリーディングでは、クライアントに好きな色を10色、嫌いな色を1色選んでもらいます。どの色も全部好きだという人があるかもしれませんが、1色ぐらいはあまり引かれない色もあるでしょう。色を選ぶとき、クライアントをせかしてはいけません。ある色を手にとった後、また戻してもかまいません。けれども、選ばれたカードがいったんテーブル上に並べられた後は変更しないでください。

最初の3つの位置のカード：背景

最初に置かれた3色のグループは「背景」を示します。

1の位置のカード－カルマ：この世に生まれたとき、携えてきた色です（参照→p.128「カルマの色」）。

2の位置のカード－子供時代：子供時代に経験したことを表します。

3の位置のカード－現在：ただいま現在、その人が置かれている人生の状況です。

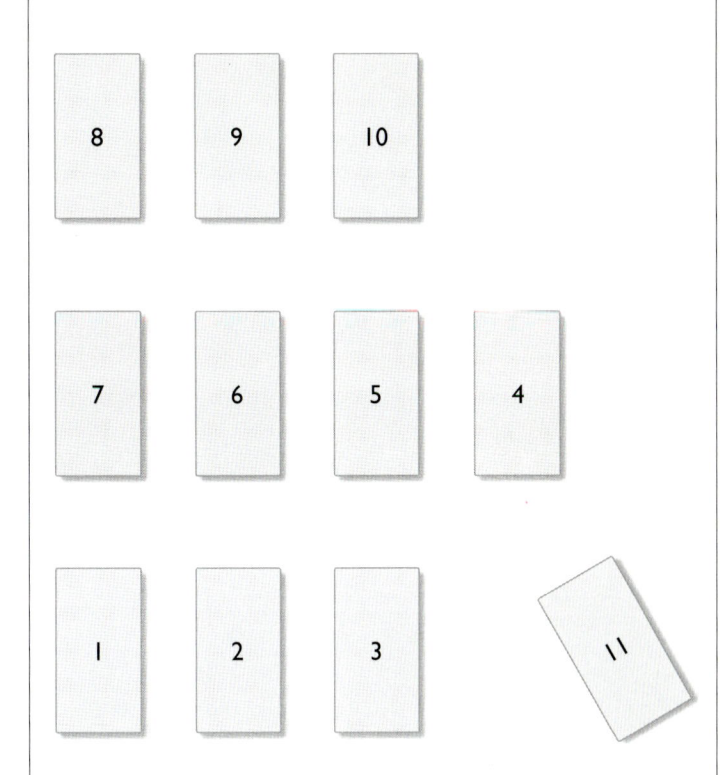

次の7つの位置のカード：これから起こること、4～10の位置

続く7つの位置に置かれたカードの色は、今後7年の間にクライアントに起こるかもしれないことを示します。カードの各位置が1年に相当します。7年以上先のことを知りたい場合は、さらに色を加えればいいだけです。色の解釈は、第2章にさまざまな面から述べられています。どの面が当てはまるか、どのような形をとるかについては、リーダーの直感を通して知ることになります。

ABOVE 上
虹の7色のカードがもたらすインスピレーションによって心を集中し、正確な解釈を目指しましょう。

嫌いな色のカード：妨害、11の位置

これからの7年間をリーディングする間、クライアントが嫌いな色にも注意を向けておく必要があります。この色は、ある時点での妨害や、崩壊の原因となるかもしれないことがらを示します。そのために7年間ずっと影響が続くこともあるでしょう。とても重要なカードですので、書き留めておいてその情報を活用すれば、不運や失望を好転させ、積極的な成長への扉を開いてくれるかもしれません。たとえば藍色が嫌いなら、クライアントはより細かい点まで配慮した生活設計をした方がいいでしょう。ぞんざいな計画は役に立ちません。ものごとを偶然にまかせないようにすることが一番です。

LEFT 左
カラーリーディングは、過去から現在、未来まで、人生のすべてのできごとに目を向けます。

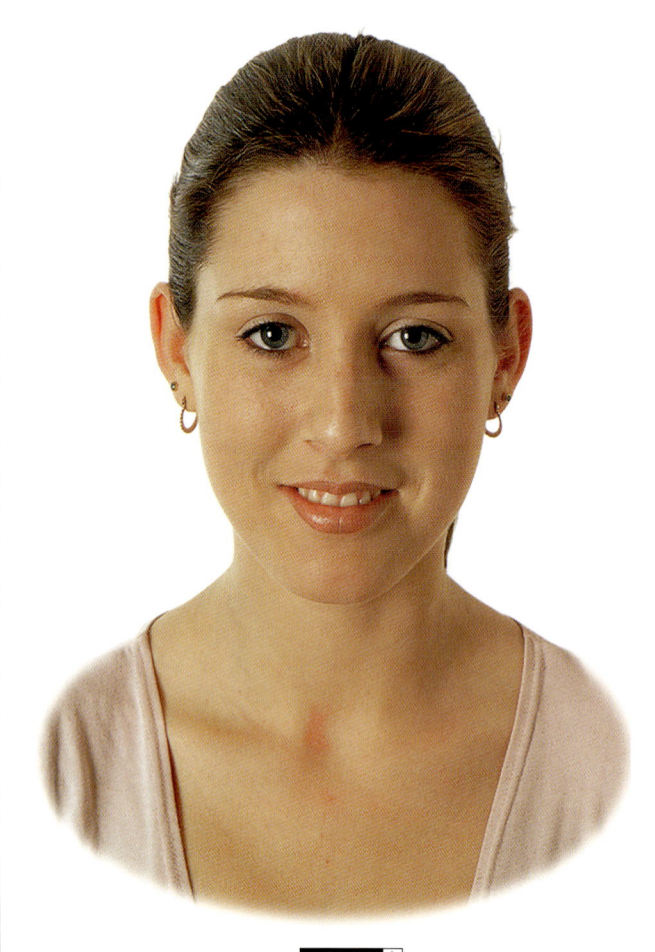

ABOVE 上
自分自身を知り、自己啓発を行うことで、
幸福感がわきあがり、心の安らぎが得られます。

ABOVE 上
私たちの過去は、古文書の言葉のように
確かに色に書き込まれています。

カルマの色

　カラーリーディングで最初に選ばれた色がカルマの色です。「カルマ」という古代のサンスクリット語の意味はただひとつ、「行為」です。すべてが動き続け、変わらないものはひとつとしてない人生において、行為は唯一の道です。カルマを示すカードの色は、クライアントが生まれるときに携えてきたものについて洞察を与え、それがこの人生での指針として役立ちます。たとえば、カルマの色が青で、非常に忙しく慌しい生活を送っている人の場合、その人は空しく走り回っているということです。そのように生まれついてはいないのです。青は収縮の色であって拡散の色ではありません。才能を発揮できるのは、おそらく、著述のようにひとりで静かに行う仕事だけでしょう。ここでもまた、色のどの面が当てはまるかは、リーダーの直感によって明らかになります。

ABOVE 上
カラーリーディングでは、完全な理解のために、隠れた色を考慮しましょう。

LEFT 左
このリーディングで選ばれなかったオレンジとライラックも、貴重な情報と洞察を与えます。

隠れた色の呼びかけ

複数の色が組み合わさってできる色もあります。選ばれた色からは率直な情報が伝わってこないと感じたら、隠れたレベルだけでリーディングを行ってみてください。表面に出ていない色をすべて考慮するのです。そこから貴重な情報が得られるでしょう。たとえば紫が選ばれたら、そこに隠れている赤と青を見過ごしてはいけません。オレンジ、緑、紫、ターコイズなどの色の場合、はっきりした答えが見つからないときには、組み込まれている色に注意を向けてください。

選ばれなかった色

セッションでクライアントはよくスペクトルの7色のうち1、2色を無視します。取り残された色は、7年の期間中の課題でも最も深層にあるものを表します。たとえば、オレンジは最も拒否される色です。オレンジに対する反感は前進への恐れを表し、赤を取り入れれば改善されるでしょう。

色への嫌悪 ── 暗闇の虹

色がまったく嫌いだと言う人はほとんどいないでしょう。けれども、ないとは限りません。はっきりと色を避ける人は、深層では慰めを求めています。人生のある時点で、光を遠ざけるようになるほど深く感情に痛手を負ったのです。この「暗闇の虹」はすべてが荒涼とした状態です。自信も信頼も失われ、その人が再び人類の一員に戻るには、優しい説得が必要でしょう。

水晶占い

水晶占いは、光を反射する物の表面をじっと見て行う占いです。英語でこれを言う"scrying"は、「見る」ことを意味します。水、鏡、クリスタルなど透明な物質を通して未来を探る独特な方法です。そこには、ヴィジョンやシンボル、映像などの形で、これから起こることが映し出されるのです。あらゆる文化において、とくに将来への不安が増大した時期には、さまざまな形で水晶占いが行われました。クリスタル球の反射を見ていると、すべての色の源であるブリリアンスの輝きに魅せられます。ブリリアンスには永遠が垣間見られ、そこにすべてが含まれているのです。

ノストラダムスとして知られるミシェル・ド・ノートルダム（1503-1566）は、おそらく歴史上最も高名な透視者でしょう。ノストラダムスの予言には、1666年のロンドンの大火、フランス革命、ワーテルローでのナポレオンの敗退、ヒトラーによる権力の掌握とその後の敗北、原子爆弾投下などのほか、多くのできごとが含まれています。これらの予言はすべて、真鍮の三脚台に真鍮のボールをのせ、ボールに張った水の面（おもて）を長時間見つめて得られたものでした。個人の未来を見たり洞察を得たりするときには、鏡を使ったといいます。

色の透視

いつの時代にも水晶占いが人気をよんだ理由は、その手軽さにありました。複雑な儀式を行うこともあるほかの占いの方法に比べて、ずっと簡単だったからです。歴史をみると、昔は水晶占いにも込み入った儀式や準備が必要とされることが多かったのですが、現代のテクニックはきわめて簡単です。透視の道具として常に好まれたのは水晶球でした。

昔の裕福な占い師が使ったのはベリルと呼ばれる鉱石で、この石の仲間にはエメラルドやアクアマリンがあります。今日でも、もしあなたがオレンジ大のこれらの石を買えるほどお金持ちなら、どうぞ使ってください。ベリルはたいてい緑のティントで、リーディングに影響を与えます。緑はものごとの始まりや新しいできごとに焦点を合わせる色で、何百年も先の未来に起こりそうなことより、ビジネスのプロジェクトや新たなロマンスを見るのに適します。

イングランドのエリザベス一世女王の宮廷占星術師だったディー博士は、現在メキシコとなっている地域で産した卵大の黒曜石を使いました。女王は、おかかえのこの占い師に相談してからでなければ、何事も決定しなかったようです。1696年に、名高い透視者、ジョン・オーブリーが、「炎に映る像を見る」ことを奨励し、占いに使う玉は赤のティントを含むものにすべきだと提案しました。そうすれば、赤く輝く残り火を凝視した場合と同じく、できごとの発生を早められると考えたのです。占いに使う色が濃いほど早くなると信じられていました。黒や無色の玉は時間を遡ったり先を見たりするだけで、できごとに影響を及ぼす力はないとされました。

道具

水晶占いの基本的な道具は、クリスタルガラスか水晶でできた透明な球です。球がころがらないように支えるための台座も必要でしょう。台座は真鍮や木などの自然素材が最適です。グラスやボールに入れた水、鏡など、表面が光

ABOVE 上
ベリルは、昔の裕福な人々がクリスタルで占いをするときに用いた極上の素材でした。

ABOVE 上
光の領域に深く入って行くには、完全な集中が必要です。

を反射するものなら、何でも球の代用になります。おとぎ話の登場人物が好むように、池や湖の面を見つめてもいいのです。道具を置くテーブルとテーブルにかける黒い布もいります。白い布でもかまいません。色のついたクリスタルを用いる場合には、色の振動がそこにやってくるエネルギーに影響を与えることに気をつけてください。その色が表す生活領域の方へ、リーディングを偏らせます。ですから、意図的に特定の領域に焦点を合わせることもできるのです。たとえば、試験の合否や、仕事での成功の可能性を見るには、黄色いクリスタル球を使うといった具合です。さまざまな色のクリスタル球を揃える余裕がなければ、該当する色の布を無色透明なクリスタルの下に敷いてもいいでしょう。各生活領域に関連する色については、124～125ページのリストを参考にしてください。

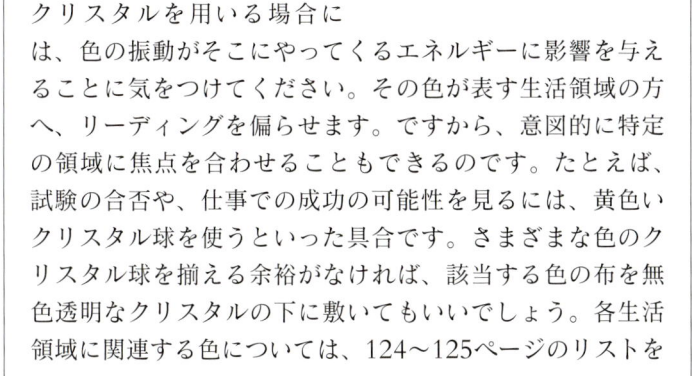

透視に使う道具は決して他人に触れさせず、クリスタル球は、使用後必ず黒か紫のベルベットの布で包みます。それを濃い色の箱に入れ、引き出しの中の安全な場所にしまっておいてください。

場所

静かな個室か家の中の散らかっていない場所で行います。カーテンを閉めた部屋なら、2本のキャンドルで照らします。なるべく白いキャンドルと真鍮の燭台を使ってください。部屋も道具類も塵ひとつないぐらい清潔でなければなりません。ほこりは霊的な現象の邪魔をします。透視する人と相談者のために椅子が2脚いるでしょう。1度に2人以上の相談者を入れない方がいいのですが、相談者が望むなら、安心のため、例外的に誰かに付き添ってもらうのはかまいません。

とき

伝統的に最適とされる時期は、月が満ちていく間です。太陽が最も北にあるときが、一番うまくいきます。けれども、体がリラックスして神経が落ち着き、集中しやすい状態にあるという条件が整えば、いつリーディングを行ってもかまいません。霊を落ち着かせるために金色を思い浮かべ、リーディングを成功させてください。

注意

クリスタル球を、床に描いた輪の中や、
たとえ入手できたとしても
いわゆる聖餐卓の上に置くのはお勧めしません。
こうしたやり方は手の込んだ儀式であり、
初心者やアマチュアには向かないのです。
煙水晶（スモーキークォーツ）を使うと、茶色のために
透視しにくくなりますので避けてください。
茶色はリーディングを歪め、遅らせて、
失望を招くでしょう。

LEFT 左
ボールに張った水などの光を反射する面を見つめるのも、水晶占いに代わるテクニックです。

ABOVE LEFT 左上
ブリリアンスを体現する透明なクリスタル球は、洞察に満ちた映像を映し出すことができます。

透明なクリスタルの準備

　クリスタル球を扱うのは持主本人だけでなければなりません。少量のホワイトビネガーを加えたぬるま湯でそっと洗い、ベルベットの布やシャモア革で磨きながら乾かします。決して極度の高温や低温にさらさず、直射日光を当てないでください。月光が差すのは有益です。部屋の照明をほの暗くし、相談者と向かい合わせに座るのが最も良いやり方です。クリスタルは手に持っても台に置いてもかまいません。最初何も見えなくても気にしないでください。簡単に見えるのは、100人に5人程度です。粘り強く練習を行うことで潜在的な力が発達し、敏感に感じ取ることができるようになるでしょう。

色を帯びた雲

　水晶占いは、透視力を発達させるのに極めて有効な方法です。領域内に入ってくるものはすべて記録され、映し出されます。全体の情景や映像が見えることはまれで、それが見えるのは、優れた霊能力者だけでしょう。けれども、解釈にはおおむねぼんやりした印象だけで十分です。黒、白、グレーの雲状の像などでも見えれば幸運で、そこから洞察が得られます。忍耐強く、そのまま待ってください。解釈をさらに深くしてくれるような色の印象が表れるかもしれません。ほかの映像や印象は、そのまま解釈できるでしょうから、ここでは、色を帯びた雲という最もとらえにくいイメージの意味について説明します。クリスタルやほかの反射面を見つめているときには、よくミルキーホワイトの雲が見えるのです。

ABOVE 上
光を反射する道具は、
私たちに永遠を
垣間見せてくれます。

黒と白の雲

霧状のものが形やシンボル、または映像に変わるままにしておく。黒や白はたいてい最初に見える色。白い雲は平和と満足を示す。黒い雲はこの先トラブルが起こり得るので要注意、という意味。このあいまいな段階を通過して、やがては霧の中に意味が見出せるようになる。

上昇する雲

どんな質問への答えも「イエス」。

- **赤、オレンジ、黄**——極端な行動。積極的。
- **緑**——生活は順調にみえる。静止。
- **青、藍、紫**——自営業を目指す。知識も経験もあるあなた、率先して取りくむこと。

赤、オレンジ、黄色の雲

努力を実らせるには、多くのエネルギーが必要となる。どんな状況へも、飛び込む前に考えるのが賢明。静的状態ではなく、動きが起こる。健康は良好。

降下する雲

どんな質問への答えも「ノー」。

- **赤、オレンジ、黄**——社会的地位の大きな転落。不注意、早計。プロジェクト終了は思ったより早い。
- **緑**——お金は入るより早く出て行く。
- **青、藍、紫**——誇大妄想、機会の喪失、失望。

青、藍、すみれ色の雲

人生を見直し、積極的姿勢で設計する時期。行き届いた計画があれば、欲しいものはすべて得られる。型にはまらないよう気をつけること。

緑の雲

金銭的には安定。人間関係に目を向け、愛を育てること。家は繁栄し、すべての努力が進歩で報われる。

左へ動く雲

離れていこうとしているポジティブなエネルギー。

- **赤、オレンジ、黄**——遅すぎる。チャンスを逃す。キャンセル。
- **緑**——金銭的に底をつきかけている。あなたへの嫉妬。
- **青、藍、紫**——押し進んだり、昇進を求めたりする時期ではない。

右へ動く雲

良い前兆。支援が間近にある。

- **赤、オレンジ、黄**——結果が出るまで時間はかからない。
- **緑**——借用を申し入れるのに良い時期。快適。
- **青、藍、紫**——立場をはっきりさせ、認めてもらえる。

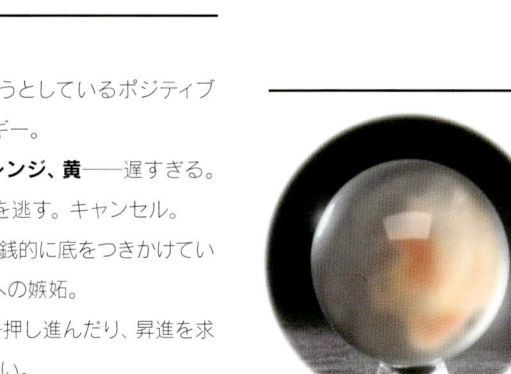

夢に現れる色

夢は、個人の存在の深い層を明らかにします。夢の中で差す光はどこからやってくるのでしょうか。あなたは暗い部屋で目を閉じ、安らかに眠っているというのに。光は何かに刺激されて、どこからかやってきます。暗い内面の奥底から永遠の光が湧き上がってきます。黒の中にも光はあります。光の本体はいつもあなたと共にあり、夢はその証明なのです。古代エジプトでは、夢は非常に大きな意味をもつと考えられ、人間の生活に重要な役割を果たしていました。夢を通して神託を受けるため、あるいは夢で病を癒す神に近づいて癒されるために神殿で眠ることは、「籠り」として知られていました。古代エジプトの人々は、夢の体験を通して、人間が神秘的な超自然の世界とたえず通じ、その世界から現世と来世での自分の運命を教えてもらえることに気づいたのです。

夢に現れる色の指標

色のある夢は、これから起こることを示します。白黒の夢は過去を表し、先へ進む時期だと伝えています。悪夢は、人生の大切な部分が台無しにされた体験を痛烈に思い出させ、それがいまだに心にわだかまっていることを示します。このわだかまりは記憶の敗血症のようなものですから、回復には持続的なサポートが必要です。夢の色が薄いときには、何かすぐに点検しなければならないことがあることを示唆しています。

色のシンボル

精神分析医が夢に結びつける意味とは別に、古代から伝わる方法では夢をシンボルとして解釈し、自分自身や知人の未来を夢で判断します。夢の解釈には、現れた像の色を第2章であげた色に照らし合わせてください。夢の像は、外観から読める意味だけでは、良いか悪いかというだけのことになりがちです。たとえば、皿に食べ物がたくさん盛ってあれば気前よさを意味し、空であればその逆、というわけです。ですから、明白なシンボルの意味だけでなく、必ず色が示す意味も探してください。

夢のシンボルについてはたくさんの本があり、夢に現れたものなら何でもそうした本で解釈を見つけられるでしょう。ところが、そうした本では色の次元はまったく探求されていません。夢は、色と同じように人間の心理を語るものですので、夢に現れる色は、第2章で論じた色の心理学的面から解釈できます。たとえば開かないドアのような障害物は困難を示唆します。そこでドアや周囲の色に注目し、第2章を参照すれば、困難から解放されるために必要な注意について手がかりが得られます。

夢によく現れるシンボルには水がありますが、驚いたことに水は、夢ではほとんどどんな色にもなるのです。夢の中の水が静かで動かないか、それとも波立っているか、何色をしているかに気をつけてください。水がターコイズで波立っていたら、恋愛関係が波乱含みになっていることを意味します。水が穏やかに動いていたら、個人的関係はうまくいっています。動きのない水は、周囲の状況に縛られて抜け出せない状態を表します。荒々しく波立つグレーの水が現れたら、縛りつけている状況の鎖をふりほどこうとしています。

宇宙的な色の夢を見る

簡単な方法で、自分自身の夢への扉を開くことができます。暖かいバスに入った後、白い衣服を身に付けて白いリネンを敷いたベッドに入ってください。ベッドの中でリラックスし、楽に呼吸をしながら、巨大なダイアモンドとその色とりどりの切子面をイメージします。きらきら輝く澄み渡った色の迷路を気ままに進み、そのまま、安全に守られた楽しい夢の中へ入って行きます。その間に、神秘的な創造の光を吸収しましょう。

ABOVE 上
夢は心の奥にあるものを知らせます。現れる色の意味に気をつけてください。

RIGHT 右
宇宙的な色の夢に導かれて、自分の新しい面を発見しましょう。

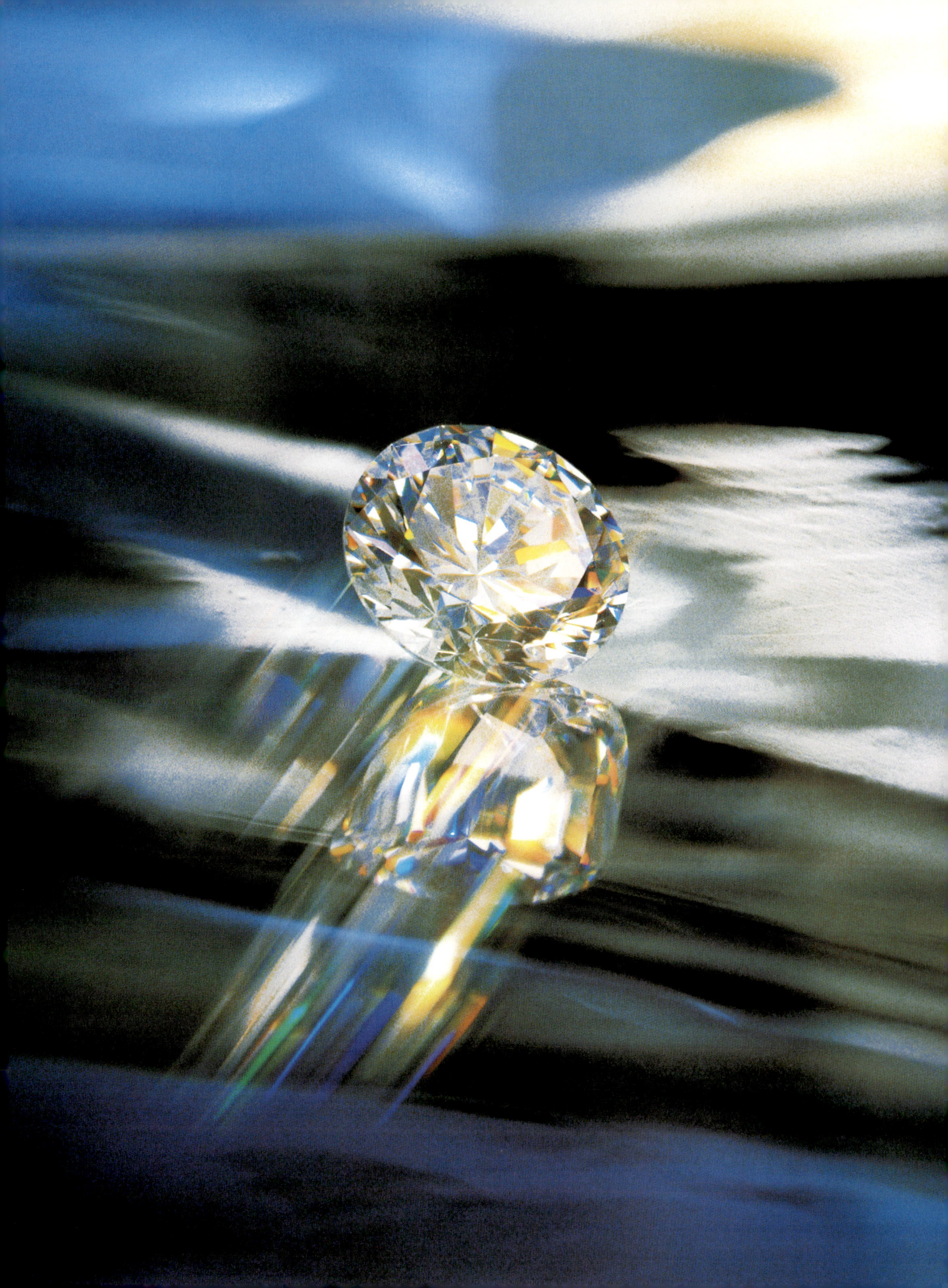

カラーキャンドルの
ヒーリング

キャンドルは、闇の中に差す光の象徴です。また、簡単に消えてしまうので、生命のはかなさを思い起こさせます。キャンドルの明かりは死に際しても道案内となってくれます。永遠の光と真の自己を表すシンボルとして、トンネルの入り口を示す神聖な光です。キャンドルは人生の暗がりに光を投げかけ、その輝きで世界を照らし、太陽の生命力を象徴します。また、火は常に聖なるものとみなされてきました。しかも、火山から人間の情熱と創造の炎に至るまで、私たちの生活のあらゆる面で働いています。

何世紀もの間、キャンドルは宗教儀礼に用いられてきました。3枝の燭台に灯された3本のキャンドルは、キリスト教の三位一体の神を表します。燭台の枝は宇宙の生命の樹を暗示しています。ユダヤ教の神秘思想、カバラでは、3本のキャンドルは叡智と力と美を示すものです。儀式や加入儀礼では必ずキャンドルが用いられ、社会の文化的連帯感に重要な関わりを持ってきたのです。

キャンドルの炎を見つめて、その恩恵を感じ始めると、ほかのすべてのことがらも、より意義深く思えるようになります。一度この体験をすると、人生がそれまでとは違って感じられるようになるのです。考えや話される言葉はそれまでより明確になります。生命エネルギーの働きに気づき、大切なこととそうでないことの違いを知るようになります。世界は輝きを取り戻し、すべてが可能に思えます。カラーキャンドルのメディテーションは、目指すことがらの始動を促すことができますので、祈りに応えてくれるでしょう。

ヒーリングにキャンドルを用いるのは、儀式に火を用いるのと同じで、昔ながらの方法です。キャンドルの炎の輝きが、ネガティブな要素を暖めて溶かし去り、健康と幸福を取り戻させます。キャンドルは目的に強く働きかけます。火の灯っていないキャンドルが表すのは、生命を与えるエネルギーがなく、内臓に力が足りない状態です。火を灯すためにマッチをするとき、魂にも火が灯り、愛と調和をもたらします。

カラーキャンドルの準備

キャンドルは、燃えるときにその色のエネルギーを増幅しながら放ちます。色のエネルギーは周辺へ注がれ、そばに立っている人には誰にでも効果を及ぼします。特定の病気や不調に効果のある色、または、幸運の色のキャンドルを選んでください。選択の目安は、第2章か色の指圧のチャート（参照→p.109～113）にあります。

キャンドルは、灯す前に清潔にしてください。浄化して、製造過程で付着したかもしれない好ましくない振動を取り除きます。また、キャンドルの色の効力が十分発揮されるようにします。海塩を少量加えた冷水にティッシュを浸し、灯心の先から拭いていくだけです。混じりけのないヴァージンオリーブオイルを塗るのもいいですが、少量にしてください。こうした準備によって、色がとどこおりなく輝き出るようになります。浄化を行う間、自分の目的を数回繰り返したり、祈りの言葉を唱えたりすれば、効果が強められます。キャンドルの手入れは、蝋(ろう)と灯心をなじませます。これによって、私たちの真理である色を貫く1本の糸が象徴的に表現されるのです。灯火の儀式へ向けて、あなたがキャンドルに結ばれる方法でもあります。

注意

カラーキャンドルのテクニックは、あなた自身や人類が良い方向へ向かうためにのみ使ってください。決して、特定の人物の不利を願ったり、他者の犠牲で自分が得をする目的で使ったりしてはいけません。送ったものは、自分に返ってきます。反動は最悪の結果をもたらしかねません。

キャンドルを灯す時間

燃焼時間にかかわらず効果はありますが、最大の効果をあげるには、キャンドルが燃え尽きるまで灯しておいてください。

LEFT 左
カラーキャンドルは、色のヒーリングエネルギーを注ぐのに、最も強力な手段となります。

ABOVE 上
キャンドルを使う前に浄化すれば、間違いなくすがすがしい気持ちで始められます。

ABOVE 上
キャンドルに純粋なオリーブオイルを塗布することで、混じりけのない色の輝きが得られます。

キャンドルの消灯

　キャンドルを消すとき、決して息で吹き消さないでください。秘儀の教えでは、ある存在の創造的力がほかの存在を暗くするのに用いられてはならない、とされているからです。火を消す過程はヒーリングの締めくくりであって、色のエネルギーを安全に保持する行為とみなすべきです。金属か陶磁器製の小さな被せ蓋で消すのがいいでしょう。古風な芯切りばさみを入手できればすてきですが、ホイルを円錐形にしたお手製の蓋でも用は足ります。

虹のキャンドルで行うスーパーヒーリング

　カラーキャンドルを灯すと色のエネルギーが大気中に広がります。色の振動はオーラのエネルギー場（参照p.96〜97）に吸収され、身体に伝わっていきます。ここで紹介する虹の全色を使った方法は、健康状態全般のヒーリングに必要なすべての色を含み、身体を元気づけます。

1. 虹の7色それぞれのキャンドルを、自分の前に半円形に並べます。左端に赤、右端に紫がくるように、左から右へ置いていきます。床の上でもテーブル上でもかまいません。

2. ヒーリングを受ける準備をするため、座ったまましばらく静かにすごしてください。

3. 赤から順に、虹のキャンドル全部を灯します。各キャンドルの灯を1分ずつ見つめますが、まず中央の緑から始めます。それから左端の赤のキャンドルへ移り、次は右端の紫を見てください。続けて、オレンジ、藍、黄へ進み、青で終えます。7分間のプロセスになるはずです。

4. キャンドルを灯したまま、すべての色を好きなだけ受け入れてください。どの色にとくに目を留めるかは高次の自己に従いましょう。こうしてさらに10分間のヒーリングを行い、身体のバランスを取るために、始めたときと同じ緑のキャンドルで終えます。

5. 赤から順に、キャンドルを消して行きます。

6. 目を閉じて3分間静かに座り、ヒーリングを完了してください。

単色のヒーリング

　同じ儀式を単色のキャンドルでも行うことができます。色は第2章に述べた各特性に基づいて選んでください。

ABOVE 上
キャンドルの消灯は儀式の重要な一部で、ヒーリングの締めくくりです。

ABOVE 上
スペクトルの全色を揃えたカラーキャンドルは、健康増進とヒーリングのためのエネルギーを放ちます。

RIGHT 右
虹のキャンドルで行うスーパーヒーリングでは、7色すべてがあなたのオーラのエネルギー場に吸収されます。

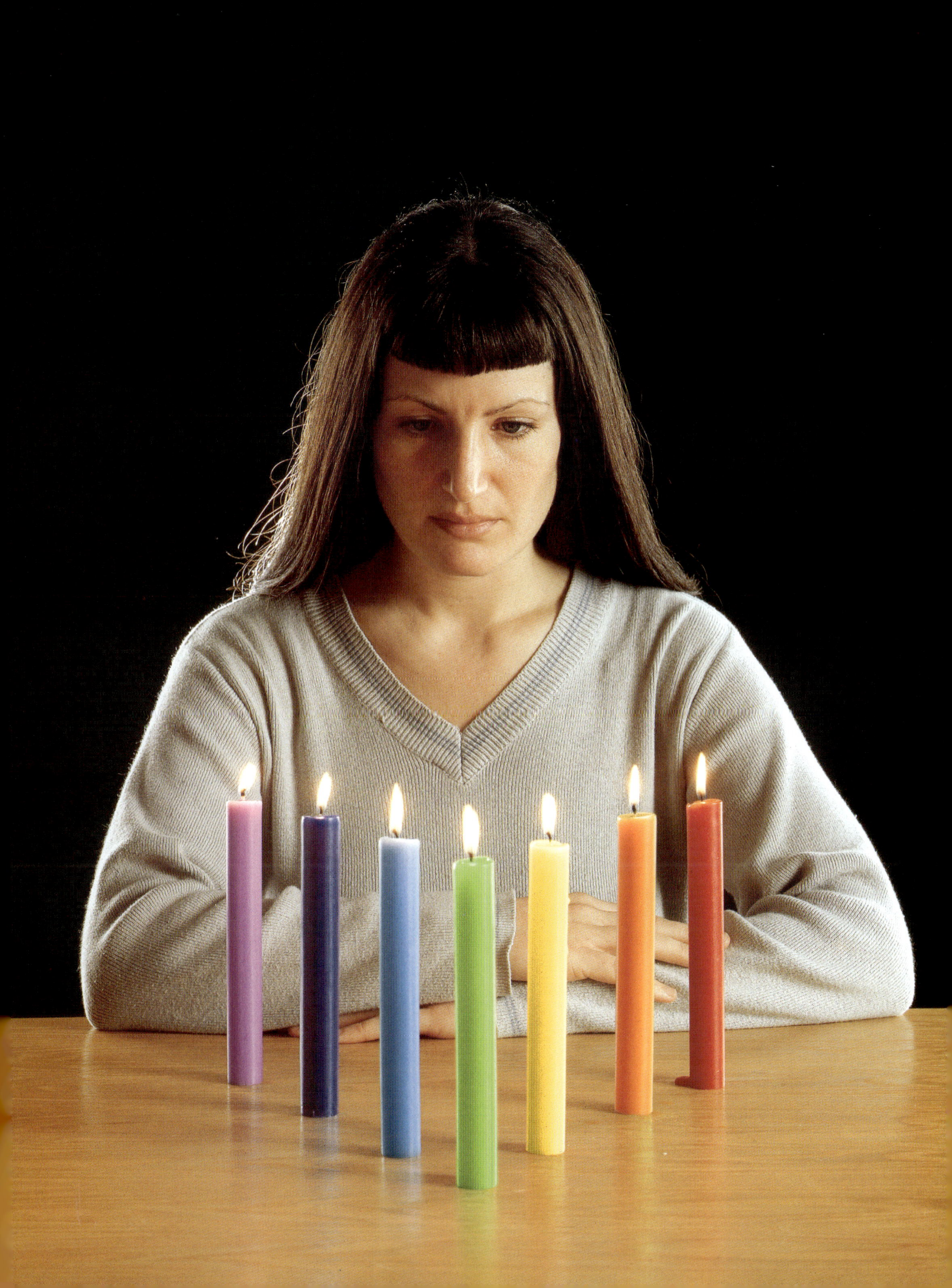

ミレニアムカラー

新しい千年期に入った今、未来についてのさまざまな疑問が浮上してくるのは当然のことです。色はそうした疑問にどう答えてくれるでしょうか。

まず第一に大切なのは、色は自然界のエネルギーだということです。新ミレニアムは単に人間にとって重要なできごとであり、それも、人類すべてにとって意味があるわけではありません。けれども、近年のあるできごとは、自然と宇宙の周期、そしてその周期の中にある地球そのものに関係があります。そのできごととは、「水瓶座の時代」の到来です。「水瓶座の時代」の色は青で、真理の霊を表します。私たちはみな、真理のもとに生まれたのです。赤ん坊の頃に私たちが知るのは、ポジティブで完全な真の自己以外の何ものでもありません。ところが、世の中に適応して生き延びるため、私たちは仮の自己を獲得します。この過程で、自己の本質を見失うこともあるでしょう。水瓶座の青は、真の自己を見出してつながるために、絶えず懸命に努力するよう求めるのです。

青に彩られたこの科学の時代には、過去に失われた叡智とヒーリングの技術が蘇ろうとしています。青は保護と癒しの色で、苦痛や残酷さと闘います。年を重ねるにつれて、青がもたらす哲学的思考が高次の霊的レベルに働きかけるようになるでしょう。いうまでもなく長い道のりになりますが、それでも、すでに前世紀の終わりからこの新ミレニアムまでずっと、私たちは水瓶座の時代に見守られているのです。

2000年のための数秘学：
新ミレニアムへの方向付け

2――オレンジ

数字の2は、すべてにわたって夢のような可能性をもたらすオレンジと関連しています。もちろん、まず変化が起こらなければなりません。オレンジには若返りを促す優れた力があり、思い切った楽観主義を呼び込みます。2と結びついたオレンジはものごとの達成を助けます。マイナス面をみると、オレンジは崩壊や不景気をもたらしかねません。また、「裏返しの虹」を呼び込むことがあり、そうなると、歩けるようになる前に走ろうとして落ち着きのない人生になります。2は女性を表す基本的な数で、その影響下にある人々に、他者への援助、親切、謙虚などの優しい性質を与えます。けれども、2にはネガティブな面も強く、残酷さや欺瞞につながります。この時代には、幸運にも水瓶座の青が私たちに力を貸し、2とオレンジのネガティブな特徴に均衡をもたらす助けとなってくれます。

0――虹のブリリアンス

ゼロというシンボルは数秘学では空白と無を表すとして軽視されています。けれどもゼロの円形は、霊的シンボルとしては最も力があり、広く用いられるものです。ゼロは光のブリリアンスと関連します。そこには潜在能力を十分に発揮させるのに必要なすべての色が含まれています。円は悪から身を守ります。ゼロは完璧な円運動であり、すべ

ABOVE 上
新ミレニアムの展開と共に、
輝くスペクトルはヒーリングパワーを発揮し続けます。

ミレニアムカラー　141

ABOVE 上
青やオレンジと結びついたブリリアンスは、
ポジティブな変化と平和の待つ新ミレニアムへ、
私たちを勢いよく送り出します。

てを備えた全体であり、宇宙をひとつにつなぎます。ゼロはあなたの中に、魂のエネルギーを維持する内なる保護区を作ります。道を示してくれる霊的文化を受け入れれば、あなたが変化を起こすことができるのです。

ミレニアムのセルフカラー・テスト

　自分が本当は誰なのか、どのように世界やほかの人々と結ばれているのかを知るために、2000年の3つのゼロにちなんだカラーテストをやってみましょう。輪をくぐって、円の中央にある無限の空間に入るプロセスです。3つのゼロを縦に1列に並べて描き、最初の円に色を塗ってください。それからその色の特徴を述べる言葉を5つ書きます。ほかの2つの円にも同じことを行ってください。全部に色を塗って言葉を書き終えるまで、解釈を見てはいけません。たとえば、以下のような形になります。

1. 赤—速い—かゆい—報道—派手—スタミナ

2. 青—冷たい—軽い—静か—親切—信頼できる

3. 黄—鋭い—幸せ—無分別—怠惰—かわいい

カラーテストの解釈
1番の円はあなたが自分をどう見ているかを示します
2番の円はほかの人があなたについてどう感じているかを示します
3番の円はあなたの本当の姿、真の自己を表します

　心と体をプリズムにして、2000年からのミレニアムのセルフカラーを見つけてください。未来の文明において、色はある影響力を持つことになるでしょう。正しく用いれば、流れを逆転させることができます。私たちを結びつけているのは色です。色が表すものはその本質からきています。求める人々にはすばらしい力をもたらし、未来への願いを成就させてくれるでしょう。色が示す未来は魅力にあふれています。
　自分に役立つのはどんな色かを知ってください。その色であなたの人生が変わるかもしれません。

索引

あ

藍　12-13, 15, 42-3, 62, 67, 68, 119
　音楽　106
　クリスタル　116
　子ども　88, 89
　室内装飾　56, 57, 58
　水晶占い　133
　ダウジング　125
　食べ物　104
　チャクラ　99
　パートナーシップ　78
青　12-13, 14, 15, 40-1, 73, 84, 140
　衣服　68, 70
　オーラ　96
　オフィス　64-5
　音楽　106
　クリスタル　116
　クロモセラピー　100
　子ども　82, 84, 86, 88, 89, 90
　室内装飾　56-9
　植物　62
　水晶占い　133
　ダウジング　125
　食べ物　104-105
　チャクラ　99
　動物　119
　パートナーシップ　78
　病院　67
赤　12-13, 15, 22-5, 73, 84, 92, 133
　衣服　68, 70
　オーラ　96, 97
　オフィス　64-5
　音楽　106
　クリスタル　116
　クロモセラピー　100
　工場　66
　室内装飾　56, 57, 58
　植物　60, 62
　ダウジング　125
　食べ物　104
　チャクラ　99
　動物　119
　パートナーシップ　76
　波長　8, 14
　病院　67
足の疾患　111
アルツハイマー病　109
安全　54, 66
痛み　112
いびき　113
衣服　68-71
いぼ　113
咽喉痛　109
うつ状態　110
占い　122-41
エイズ　109
エネルギーヒーリング　94-5
黄疸　111
オーラ　95, 96-7, 114
オフィス　64-5
　植物　60, 63
　パートナーシップ　77
オレンジ　12-13, 15, 26-7, 67, 73, 84, 129, 133, 140
　衣服　70
　オーラ　96
　オフィス　64
　音楽　106
　隠れた色　14
　クリスタル　116
　子ども　88-9, 90
　室内装飾　56-9
　植物　60, 62
　ダウジング　125
　食べ物　104
　チャクラ　99
　動物　119
　パートナーシップ　76
音楽　106-7

か

風邪　110
肩こり　113
カタル　110
学校　67
花粉症　111
カラーバランシング　97, 98-9
カラープロジェクション　100-1
カラーホイール　124-5
カラーリーディング　126-9
肝炎　111
乾癬　112
肝臓病　112
黄　12-13, 14, 15, 30-1, 67, 84, 133
　衣服　71
　オーラ　96
　オフィス　64-5
　音楽　106
　クリスタル　116
　クロモセラピー　100
　子ども　82, 86, 89, 90
　室内装飾　56-9
　植物　60, 63
　ダウジング　125
　食べ物　104, 105
　チャクラ　99
　パートナーシップ　77
気管支炎　109
キッチン　57
キャンドルヒーリング　136-9
恐怖症　112
拒食症　109
金　32-3, 58, 60, 62, 63, 67, 71, 131
　子ども　89, 90
　オフィス　64
ゴールデンイエローの療法　103
　信頼度テスト　103
銀　48-9
暗闇の虹　129
クリスタル　60, 114-17
クリスタル球　130-3
クリムスン　22, 96
グレー　12, 14, 20, 46-7, 60, 64, 70, 96, 97
黒　14, 20, 44-5, 64, 71, 96, 131, 133
クロモセラピー　11, 15, 82, 92, 100-1
刑務所　67
下痢　110
玄関　58
腱膜瘤　110
口腔カンジダ症　113
工場　54, 66
更年期障害　112
光波　8
呼吸法　89, 102-3, 105
子ども　59, 82-91

さ

指圧　94, 95, 108-13
シェード　14
子宮の疾患　113
失禁　111
湿疹　111
失読症　88, 110
室内装飾　54, 56-9
静脈炎　112
静脈瘤　113
白　14, 20-1, 56-9, 60, 64, 84, 133
神経障害　112
寝室　58-9
腎臓疾患　111
心臓病　111
水晶占い　130-3
数秘学　140
ストレス　119
すみれ色　8, 50, 53, 58, 88, 89, 90, 133
性病　113
生理痛　112
背中の疾患　110
喘息　109
ソウルカラー　122-3

た

ターコイズ　38-9, 57, 58, 59, 64, 67, 68, 71, 80, 90, 91, 103
体重の問題　105, 112
ダイニングルーム　57
ダウジング　124-5
食べ物　104-5, 119
地下室　58
乳房の疾患　109
茶　12, 28-9, 57, 58, 64, 71, 82, 96, 97, 119
チャクラ　86, 95, 96, 98-9, 116, 117, 119
聴覚障害　110
腸の疾患　110
ティント　14
適合力　74-5
てんかん　89, 111
糖尿病　110
動物　118-19

な

にきび	109
虹のキャンドルヒーリング	138
虹の呼吸法	102
虹のヒーリング	106
虹のブリリアンス	140
尿閉	113
庭	60-3
妊娠／不妊	84
捻挫	113
乗り物酔い	110

は

歯	113
パートナーシップ	72-91
肺炎	112
吐き気	112
バス	62-3, 92
バスルーム	59
バック花療法	62-3
発疹	113
発熱	111
鍼治療	94, 95
はれもの	110
ピーチ	26, 58, 88
膝の不調	112
病院	67
ピンク	22, 24, 63, 67, 71, 76, 80, 84, 86, 88, 89, 91, 103
副鼻腔疾患	113
不眠症	111
ブリリアンス	18-19, 100, 102, 117, 119, 130, 140
分泌器官の疾患	111
ベージュ	29, 56, 64, 82
ヘルペス	111
偏頭痛	112
ペンデュラム	117, 124-5
扁桃膿瘍	113
膀胱炎	110
補色	15

ま

マゼンタ	15, 22, 25
水	105, 119, 134
緑	12-13, 15, 34-7, 67, 73, 92, 133
衣服	70
オーラ	97
オフィス	64-5
音楽	106
隠れた色	14
クリスタル	116
クロモセラピー	100
工場	66
子ども	86, 88, 89
室内装飾	56-9
ダウジング	125
食べ物	104
チャクラ	99
動物	119
庭	60-3
パートナーシップ	77
耳の疾患	110
紫	12-13, 15, 50-3, 73, 89, 91, 131
オフィス	64-5
音楽	106
隠れた色	14, 129
クリスタル	116
呼吸法	102
室内装飾	56, 57
植物	62-3
水晶占い	133
ダウジング	125
食べ物	104
チャクラ	99
動物	119
パートナーシップ	79
メディテーション	121
メディテーション	117, 118, 120-1
目の疾患	111
モーブ	84

や・ら

夢に現れる色	134-5
ラベンダー	52, 53, 58, 67
卵巣疾患	112
リビングルーム	56
リューマチ	113

問い合わせ先（全て英国内）

本書で紹介されている製品やサービスについての詳細は下記へ問い合わせてください。

Lilian Verner-Bonds
The Colour-Bonds Association
137 Hendon Lane
Finchley
London N3 3PR
Tel/fax: 020 8349 3299
講座、プライベート・リーディング、トレーニング、郵送によるリーディング、書籍、"The Healing Rainbow"のテープ

The Oracle School of Colour
9 Wynsdale Avenue
Kingsbury
London NW9 9PT
Tel/fax: 020 8204 7672
e-mail: Pauline@oracleschool.fsnet.co.uk
講座、カラークリスタル・トーチ、他関連製品

Olive Dewhurst Maddox
47 Kentford Road
Kents Bank
Cumbria LA11 7BB
Tel: 01539 532875
音楽と色のヒーリング

Acknowledgements

写真協力について以下の方々にとくに感謝します。
Francis Annette, Carla Carrington, Dina Christy, Sally Craig, Frankie Coldstone, Anne Harrington-Lowe, Isabel Milne, Clive Oxley, Sharon Sephton, André Touhey, Sonja Wirwohl

小道具貸出しのご好意に対し、以下の店に感謝します。
Bright Ideas, Lewes
King's Framers, Lewes
Spellbound and Spirit, Lewes
Tie Rack, Brighton
Tizz's, Lewes

産調出版の本

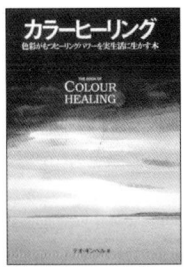

カラーヒーリング
色彩が持つ
ヒーリングパワーを活かす
テオ・ギンベル 著

色彩はどのように肉体を取り囲み、そして体内に浸透しているのだろうか？ 色彩のもつエネルギーに対する理解を深め、カラーセラピストとしての基礎知識を網羅したテオ・ギンベルによる必携のバイブル。

本体価格2,900円

住まいのカラーヒーリング
カラーセラピーで健康増進と
快適な住まい作りを
キャサリン・カミング 著

カラーセラピーの考え方を、住まいのインテリアデコレーションに当てはめれば、身のまわりを活気づける、気持ちをリフレッシュする、バランスをとる、緊張をほぐす—そんな部屋づくりが可能になる。

本体価格3,300円

トリシア・ギルドの世界 住まいのカラー
トリシア・ギルド 著

ビビットな色使いで知られるトリシア・ギルドは、色を使ってインテリアにエネルギーと温もりを与える方法を提案し、上手に色を組み合わせ、コントラストを付ける方法を鮮やかなカラー写真と共に紹介。

本体価格3,500円

うまくいく室内のカラー計画
住まいの彩色事例百科
アニー・スローン 著

住まいの配色を迷わずすぐに選べる室内装飾の必携書。詳細な手書きのカラーパレットで3百種類以上の色を取り上げ、テーマごとの彩色事例を解説。顔料や塗料の配色レシピ付き。

本体価格3,200円

風水大百科事典
風水の基本と本質＆実践の完全ガイド
リリアン・トゥー 著

風水の第一人者が、風水の由来、原則、応用を豊富な図解とともに解説。人生のあらゆる局面で、調和、幸福、健康を手にする方法を紹介。充実した内容の風水事典の決定版。

本体価格4,600円

チャクラヒーリング
自分自身の超自然的エネルギーの渦を知り
心と体をコントロール
リズ・シンプソン 著

古代インドのチャクラシステムをわかりやすく扱ったガイドブック。色、エクササイズ、クリスタル、瞑想などを通じて、それぞれのチャクラを高めることができる。

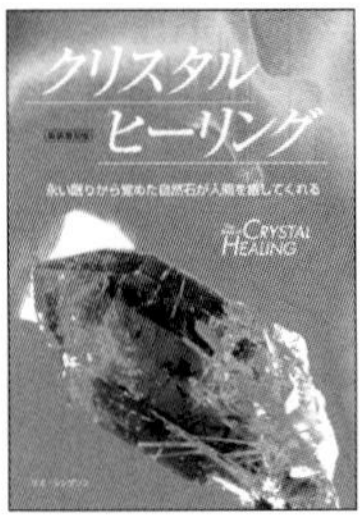

本体価格2,800円

クリスタルヒーリング 新装普及版
永い眠りから覚めた石が
人間を癒してくれる
リズ・シンプソン 著

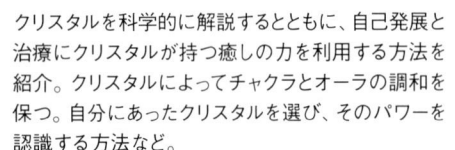

クリスタルを科学的に解説するとともに、自己発展と治療にクリスタルが持つ癒しの力を利用する方法を紹介。クリスタルによってチャクラとオーラの調和を保つ。自分にあったクリスタルを選び、そのパワーを認識する方法など。

本体価格2,500円

エンジェルセラピー
あなたの守護天使と出会うために
デニス・ウィッチェロ・ブラウン 著

毎日の暮らしの中で天使たちの愛や喜びにふれる方法。心構え、部屋の準備、エッセンシャルオイル、エンジェルカード、クリスタルなどを活用して天使たちと交流することができる。

本体価格1,900円

The Complete Book of COLOUR healing
実用 カラーの癒し

発　　　行　2006年6月1日
本 体 価 格　2,400円
発　行　者　平野　陽三
発　行　所　産調出版株式会社
　　　　　　〒169-0074 東京都新宿区北新宿3-14-8
問　合　せ　TEL.03(3363)9221　FAX.03(3366)3503
　　　　　　http://www.gaiajapan.co.jp

著　者：リリアン・ヴァーナー・ボンズ (Lilian Verner-Bonds)
　　　　表紙ソデ参照。

翻訳者：今井 由美子 (いまい ゆみこ)
　　　　広島女学院大学英米文学科卒業。訳書に『暮らしの中のアロマセラピー』『オーガニック美容健康法』『世界のヒーリング魔術』(いずれも産調出版)など。

　　　　諫早 道子 (いさはや みちこ)
　　　　同志社大学文学部英文学科卒業。訳書に『光のヒーリングとセラピー』『ホメオパシー入門』(いずれも産調出版)など。

Copyright SUNCHOH SHUPPAN INC. JAPAN2006
ISBN 4-88282-484-1 C0077

落丁本・乱丁本はお取り替えいたします。
本書を許可なく複製することは、かたくお断わりします。

Printed and bound in China